中国が世界を攪乱する

AI・コロナ・デジタル人民元

野口悠紀雄

東洋経済新報社

ペスト菌は決して死ぬことも
消滅することもないものであり、

（中略）

おそらくはいつか、
人間に不幸と教訓をもたらすために、
ペストがふたたびその鼠どもを呼びさまし、
どこかの幸福な都市に
彼らを死なせに差向ける日が来るであろう。

アルベール・カミュ（宮崎嶺雄訳）
『ペスト』
『カミュ著作集2』
1958年
新潮社

はじめに

２０１８年から始まった米中貿易戦争によって、世界経済が大きな影響を受けた。米中間の貿易が減少し、中国経済は大きな痛手を受けた。日本の輸出も減少し、日本企業の利益も落ち込んだ。

それに加え、２０１９年12月に中国で新型コロナウイルスによる新型肺炎が発生し、日本をはじめとする世界各国に感染が広がった。これは、とくに中国経済に大きな影響を与えた。本書執筆時点では、この問題がどのようになるのか、まったく見通しがつかない。２０２０年３月時点では、ヨーロッパとアメリカで感染が拡大し、経済活動に大きな影響を与えている。

しかし、遅くとも２０２１年には、世界経済も中国経済も、長期的な趨勢に戻ると期待することができるだろう。

コロナウイルスは、極めて重大な問題でありうる。たぶん、第二次世界大戦以降最大のショックだろう。そして、それがわれわれに突きつける問題は、本書で論じている問題と重なっている。中国が今後どのような国になっていくかこそが、世界が直面している長期的な問題の本質だ。

本書はこのような観点から、中国の問題を、長期的な視点から把握することを試みた。経済問題を中心にしているが、技術や国家体制に関しての議論も行っている。

長期的に見れば、中国が今後も経済発展を続けることは、間違いない。

中国は、2040年頃に、GDPの規模でアメリカを抜いて世界一の経済大国になるだろう。そして、1人あたりGDPでも、日本の半分くらいの水準に達するだろう。世界経済に対する中国の影響力が拡大するのは、確実だ。


人類の長い歴史において、中国は世界の最先端にいた。しかし、16世紀頃からこの状態が変わり、とくにアヘン戦争以後は、衰退の極みに達していた。

ところが、最近の中国の躍進ぶりを見ていると、昔の歴史が復活してきたように見える。これは、超長期的な観点から世界史を見た場合の、「歴史の正常化」なのだろうか?

基本的な問題は、中国の理念なり国家運営の基本原理が、世界をリードし、世界の標準になるかどうかだ。つまり、未来の世界において、中国が覇権国になれるかどうかだ。これが、本書の基本的な問題意識だ。

こうした観点から人類の歴史を眺めると、つぎの2つの大きな潮流を指摘できる。

第1は、古代ローマ共和国に始まり、アメリカに引き継がれてきた流れだ。自由を重視し、他民族に対して寛容な政策をとる。

もう1つの潮流が、中国の官僚国家だ。中華思想の下で、異民族に対して非寛容な政策をとる。

われわれは、経済発展や生活の豊かさは、人々が自由な考えを持ち、自由な交易を行う社会においてこそ実現されると考えてきた。経済的には計画経済ではなく市場経済によって、政治体制としては独裁制ではなく民主主義によってこそ、社会が発展すると考えてきた。

そして、中国が経済成長すれば、やがて西側諸国と同じようなモデルに収束していくと考えていた。しかし、ここ数年の動きを見ていると、そうならないのではないかと考えざるをえなくなってきている。中国の発展は、われわれがこれまで信じてきた理念への基本的な挑戦なのかもしれない。

歴史の正常化とは、単に中国が大国化するというだけでなく、社会の基本原理に関する対立が復活することなのかもしれない。分権的で自由な社会を作るのか、それとも、集権的で管理された社会を作るのかが、問われているのだ。

そう考えれば、米中経済戦争の本質は、未来社会の基本原理をめぐる戦いだと捉えることができる。われわれは、いま、歴史の重要な分岐点にいる。

本書の構成

本書は大きく3部に分かれている。

第Ⅰ部の第1章では、コロナウイルスの経済的影響に関して、国際機関などによる予測と研究を紹介した。

第2章以降では、貿易戦争の推移を振り返る。2018年に始まった米中間の高率関税の掛け合いが、どのように進展したかを見る。そして、それが米中をはじめとする各国の経済にどのような影響を与えたかを見る。影響は中国で深刻だが、日本をはじめとする世界各国にも及んでいる。現代の世界では、どの国も国際経済と密接につながっているので、貿易、資本取引、為替レートなどを通じて、国内経済が大きな影響を受ける。

アメリカの高関税発動は、当初、ドナルド・トランプ米大統領の時代遅れの保護主義的な考えに基づく、愚かな政策であると評価されていた。同大統領の票田と言われるラストベルト(「錆びた地帯」：古い工業地帯のこと）に鉄鋼業や自動車産業などの伝統的な製造業を復活させ、失業者に職を与えることが目的であると考えられていた。それは、分業化が進んだ現在の世界経済構造を無視するものであり、アメリカ自身のためにもならないと批判された。

しかし事態が進展するにつれて、そのような見方では捉えられない大きな広がりを持つ問題ではないか、との受け止め方が増えてきた。実際、関税だけでなく、ハイテク企業に対する規制策などが、重要な問題として浮上してきた。

マイク・ペンス米副大統領は、「中国に対する鉄のカーテン演説」とも言われる演説を行い、アメリカ国民の考え方に大きな影響を与えた。米中経済戦争は、中国という異質な国家による世界制覇を防ごうとするアメリカの強い意志の表れであるとの見方が強まっている。

米中経済戦争は、トランプ大統領の個人的判断によるのではなく、アメリカの支配層や政府全体の広範な合意を背景としている。米中経済戦争の根底には、中国が未来世界のヘゲモニーを握ることに対するアメリカの焦燥がある。

実際、米中経済摩擦は、関税以外でも生じている。それは、ファーウェイ叩きに代表されるアメリカの一連の攻撃に見ることができる。これは、ハイテク産業における覇権をめぐる戦いなのだ。リブラやデジタル人民元も、米中間での重要な問題だ。米中貿易交渉での第一段階合意はなされたが、経済戦争が簡単に収束するとは思えない。

第Ⅱ部では、中国の成長を、歴史の過程の中で位置付ける。

まず、人類の長い歴史で世界の最先端国であった中国が、なぜ停滞し凋落したのかを考える。それは、明の時代に始まった中国の排他政策による面が大きい。

この後、中国の没落が数百年間続いた。それを変えたのが、1970年代末に導入された鄧小平の改革開放経済政策だ。

これによって中国が工業化し、世界の工場となった。ただし、政策を変更したから直ちに成長が可能になったわけではない。重要なのは、国営企業の改革を行ったことだ。社会主義計画経済時代の名残である非効率な国営企業が残存していれば、その後の発展は望めなかっただろう。これは、歴史上最も大きな創造的破壊の一つだった。

１９８０年代の末に、東欧で共産主義国家が崩壊した。しかし、中国共産党は生き残った。中国が経済的に発展しつつあったことの影響があるのはもちろんだが、それだけではなく、天安門事件で強硬政策をとったことが本質的だ。このときに確立された中国の基本体制は、現在に至るまで残っている。

ＩＴ企業アリババが成長した経緯は、注目に値する。アリババは、アメリカのｅコマースサイトのものまねとは言えない。中国の事情に合ったビジネスモデルを作ったために成長したのだ。それまでの中国では、取引の信頼が確立されていなかったために、全国規模での取引は不可能だった。アリババのビジネスモデルは、それを克服した。

第Ⅲ部では、中国に勃興しつつある新しいハイテク産業の動向と、それが意味することについて見る。ここでは、とくに、ＡＩによるプロファイリングがもたらす光と陰を分析する。

中国では電子マネーが普及し、ここから得られるビッグデータを用いて個人の信用を測定するサービスが始まっている。従来借り入れができなかった人々ができるようになったので、これは経済発展に大きく寄与する。しかし、半面において、こうした技術が国民管理の道具として用いられ、管理社会化を招く危険もはらんでいる。

では、中国は究極の監視国家になるのか？　こうした動きは阻止すべきものなのだろうか？そして、日本は、以上のような事態にどう対処すべきなのか？

中国は「軍民融合体制」で軍事革命を進めている。極超音速滑空ミサイルなどいくつかの分野で、世界最先端の兵器システムを保有しており、これに対するアメリカの危機感が強まっている。

中国が覇権国家になりうるか否かを判断するキーワードは、「寛容」（他民族を受け入れること）だ。古代ローマは、それによって強くなった国家の典型例だ。現代世界では、アメリカがローマの考えを引き継いだ。アメリカは世界中の能力のある人々に成功のチャンスを与え、それによって発展してきた。中国はその対極にある。中国は、「寛容」の条件を満たしていないので、覇権国家になりえない。しかし、アメリカも中国も、これらの点に関して変質しつつあるのかもしれない。

本書の終章で取り上げたのは、コロナウイルスと国家体制の関連だ。

コロナウイルスの感染拡大も、それが経済活動に与える影響も、いつかは終息する。しかし、そうなっても終わらない問題がある。それは、「国家体制と疫病」という重大な問題だ。

本書がもともと対象としていたのは、米中間の経済戦争であった。貿易摩擦の状況をフォローするだけでなく、その背後にある中国の国家体制を分析しようとした。

具体的には、ＡＩの進歩が信用スコアリングや顔認証などを生み出していることが意味するものだ。それが中国社会に多大の利益をもたらす半面で、強権国家が国民監視のために用いる危険性を指摘した。

ところが、本書の初校が出来上がった段階になって、降って湧いたように、新型コロナの感染拡大が世界的な大問題となってしまった。

この問題は、信用スコアリングや顔認証などと本質的に同じ性格を持っている。

まず、終章の１で述べているように、２０１９年12月の段階で新型コロナウイルスの感染拡大を封じ込められなかったのは、中央政府の力が強すぎて、悪い情報を隠蔽しようとしたからだ。これは、強権国家の負の側面を表している。

しかし、事態が進むにつれて、逆の側面も浮かび上がってきた。

武漢という人口が１０００万人を超える都市を封鎖したり、わずか10日間で病院を建設したりした。これは、強権国家だからこそできることだ。

それだけではない。終章の２で述べているように、ＡＩとビッグデータを用いてウイルスの感染状況を個人ごとに探知できるようなシステムが開発された。

こうしたものが、中国における感染拡大を防いだ側面を、認めざるをえない。

2020年3月になると、ヨーロッパやアメリカで感染の爆発的拡大が生じる中で、中国での感染状況は次第に収まり、2020年4月初めに武漢市の封鎖が解除された。封鎖が行われていたその他の地域でも、解除が進められた。生産活動も徐々に再開された。

つまり、「強権国家が人々の権利やプライバシーを犠牲にして対策にあたれば、国民は安全を得ることができる」ということなのかもしれないのだ。「自由と安全のどちらをとるのか」という極めて困難な問題から、われわれは顔を背けることができなくなった。

強権国家は、国民にとってマイナスの面だけではない。もしかしたら、プラスの面があるのかもしれないのだ。

そうであれば、人々は強権国家を求めるかもしれない。

しかし、それこそが、本書のエピグラフで引用したカミュの警告だ。

ここでカミュが「ペスト菌」と言っているのは、病原体であるペスト菌そのものではない。これは隠喩なのである。直接には第二次世界大戦当時のナチスを指すと言われる。もっと広範に、全体主義国家、強権国家、監視国家などを指すと解釈することができるだろう。

本書の作成途中で急遽コロナウイルスの問題を付け加えたのは、それが本書の中心的テーマ、そのものであるからだ。

本書の大部分は、ウェブ版『現代ビジネス』に２０１９年７月から２０２０年３月にかけて連載した記事を元としている。この連載でお世話になった講談社『現代ビジネス』編集部の間宮淳氏に御礼申し上げたい。

本書の刊行にあたっては、東洋経済新報社出版局次長の伊東桃子氏と編集者の岡博恵氏にお世話になった。御礼申し上げたい。

２０２０年３月

野口 悠紀雄

ＱＲコードをスマートフォンのカメラにかざすと、本書の特典ページを開けます。
ここで、新型コロナウイルスや米中経済戦争などに関する、本書刊行後の状況をフォローしています。

中国が世界を攪乱する——AI・コロナ・デジタル人民元◎目　次

はじめに……i

第I部　米中経済戦争の進展

第1章　新型コロナウイルスは経済活動をどの程度落ち込ませるか?……2

1　リーマン・ショック以来の経済危機……2
国際機関などの対応／中国の経済活動が大きく落ち込んでいる／中国の影響力は大きくなっている

2　世界銀行による分析……6
感染が拡大しなければ「マイルド」よりやや軽微／供給面でなく、需要面で問題が生じる／施策は慎重に行われる必要がある／補てんは公平に行われなければならない／アンケート調査の結果／給与所得者と自営業やフリーランスの差

3 コロナウイルスの影響——OECDによる予測 …… 16
2020年に世界GDPが0・5%落ち込むが、21年に長期的趨勢を取り戻す／ドミノシナリオ／スペイン風邪の場合、死亡者が7000万人でGDPはマイナス3%／事態は予断を許さない

第2章 米中の制裁関税で大きく落ち込む貿易 …… 20

1 米中貿易戦争 …… 20
関税戦争の勃発／米中間の貿易が大きく落ち込む／日本の輸出も減少

2 貿易戦争の経済への影響 …… 27
輸出依存度が高い中国は高関税に弱い／中国鉱工業生産の伸びが低下／中国輸出業者が関税を負担？／外資の生産拠点が中国から東南アジアへ／アメリカ経済は大きな影響を受けていない／対中輸出減で日本の製造業も悪化

第3章 複雑化した政策対応 37

1 2019年夏に米中貿易戦争が激化 37
単なるアメリカ産業復活策ではない／自国が被害を受けても中国を叩く／米中両国の経済に悪影響

2 金融市場の動揺 41
リスクオフ志向が強まった／元安が進んだ／対応に苦慮した各国政策当局／貿易交渉の第1段階合意

第4章 米中ハイテク戦争 47

1 中国ハイテク企業に対する制裁措置の始まり 47
国防権限法でファーウェイ排除／ファーウェイCFOの逮捕

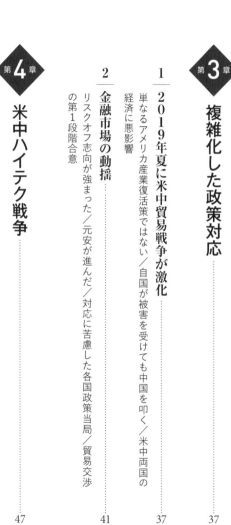

2 2019年5月以降、ファーウェイ叩きが加速……49
ファーウェイをエンティティー・リストに追加／ファーウェイの締め出し／ファーウェイ叩きの根底にあるもの／中国はレアアースの輸出禁止で対抗
3 ファーウェイは生き延びられるか？……53
ファーウェイとはどんな会社か／独自プラットフォームを立ち上げ
4 5Gや衛星でのハイテク戦争……56
5G分野における中国の成長／衛星測位の「北斗」や「一帯一路」／中国はグリーンランドにまで手を伸ばす
第5章 リブラ vs. デジタル人民元……59
1 リブラ・ショック……59
直ちに形成されたリブラ包囲網／歴史に残る愚かな対応
2 デジタル人民元ショック……62
中国の危機感には理由がある／デジタル人民元の開発を加速化／ホールセール型か、リテイル型か／国民のプライバシーを奪うデジタル人民元

3 電子マネーでなく仮想通貨であることの意味……67
仮想通貨は電子マネーとどこが違うのか？／価格安定化は容易ではない／中国外で用いられる可能性／日本で使われる可能性もある／海外への送金には圧倒的に便利

4 アメリカの腰が引けているのはなぜか？……74
欧州中銀には危機感／アメリカの不思議な態度／自由と規律のどちらをとるか？

第6章 アメリカでは危機感拡大、日本は危機感欠如……79

1 アメリカの危機感……79
ペンス演説が強めた危機感／大統領が関税率を変更できる

2 中国の躍進……82
中国ITは目覚ましく成長／基礎的な科学技術力の向上

3 日本の危機感の欠如……86
中国とのGDP比が1・4倍から2・5倍に拡大／日本産業の劣化／2040年代に中国は日本より豊かな国になる可能性も／出稼ぎ労働の方向が逆転する？／豊かさの逆転で日本国内の生活が攪乱される／支配されないためには強い経済力を持つ必要

第II部 長い停滞から脱し、世界の工場からIT先進国へ

第7章 なぜ中国は長期停滞に陥ったか？……98

1 世界最先進国だった中国は、明の時代から長期停滞へ……98

明の時代に成長が止まった／鄭和大航海の壮大さ／鄭和大航海の目的は何だったか？／権力争いで対外政策が二転三転／リスクに挑戦する仕組みがあるか？

2 近代史に見る「株式会社」の重要性……104

株式会社の成長こそが発展の本質／中世末期のイタリアで発明された会社組織／株式会社によってヨーロッパの世界支配が可能に／中国には株式会社が生まれる社会的基盤がなかった／ヨーロッパ型国家の原型はローマ共和国／いま起きていることがなぜ重要か？

第8章 長期停滞から脱して世界の工場へ ……… 113

1 中国は「長い長い停滞」の後、いかにして大転換を遂げたか ……… 113
他国とのどうしようもない実力差／中華人民共和国は官僚帝国／文化大革命後、「改革開放」に大きく舵を切った／国営企業を改革し、株式会社を作る／重要企業が誕生した1980年代／1990年代、ようやく本格的な成長へ

2 なぜ中国共産党だけが生き残ったのか？ 天安門事件と中国の本質 ……… 121
なぜ中国共産党は生き残ったのか？／天安門事件に見る中国の本質／市民は軍に立ち向かった／鄧の基本的な考えは国家の威信回復／人民解放軍が国民に実弾を放つ／中国は「異質の国家」であり続けるのか？

3 1992年の南巡講話で「社会主義市場経済」を導入 ……… 130
「社会主義市場経済」路線で社会主義に決別／「世界史上最大の創造的破壊」だった国営企業改革／「海の中国」に住む華僑が成長資金を供給

4 世界の工場へ ……… 137
農民工が支えた製造業の急成長／貧困工場、陰の工場／賃金が上昇すると「中国の時代」は終わるのか？／常識を超えたフォックスコンの巨大工場／水平分業が世界を変えた／リーマン・ショックで壊滅的打撃／4兆元対策で危機を克服

第9章 アリバババの大躍進

第9章 アリババの大躍進 …… 146

1 さえない英語教師が考えた、落ちこぼれの起業術 …… 146
中国に生まれた世界最先端企業／中国の輸出業者に可能性を開いた／タオバオ、Ｔｍａｌｌの設立／積極的にリスクをとる

2 強さの秘密は独自のビジネスモデル …… 152
中国のインターネット鎖国政策／ｅＢａｙとは異なるタオバオの基本的発想／無料サービスで生産者と消費者を結び付けた／中国では原始的な取引しかできなかった

3 アリババ「独身の日」で4兆円の売上 …… 158
イオンの半年分の売上を1日で達成／エスクローの導入で取引が拡大／電子マネー、アリペイの誕生／「二流のプロ集団が一流の仕事をしている」／ニューヨーク証券取引所に上場

第Ⅲ部 未来への驀進に危険はないか？

第10章 信用スコアリングの光と陰 …… 166

1 電子マネーの普及と金融包摂 …… 166
中国では、電子マネーを使わなければ生活できない／電子マネーから得られる情報は極めて有用／信用スコアリングを用いた融資が成長／金融包摂の実現／比較にならぬほど遅れる日本

2 信用スコアの潜在的危険 …… 172
利点もあるが危険もある／政府版の社会信用システム「百行征信」／便利さと管理社会化のどちらをとるか？／日本には管理社会の心配はないのか？

3 顔認証決済と監視社会の危険 …… 178
顔認証決済ができる店舗が広がる／顔認証によるさまざまなメリット／警察に使われれば「超監視社会」が実現しないか？／日本の空港で導入するシステムとの違い

4 新しい情報技術の光と陰——中国は特殊か？ …… 183

市場経済のインフラが未発達だった／ITによる市場の透明化が持った重要な意味／管理社会の危険／ビッグデータという新しい問題／中国はAIに適している社会なのか？／民主主義と市場経済の優位性は揺らぐのか？

第11章 中国スタートアップ企業の目覚ましい躍進……191

1 成長を続ける中国フィンテック……191
フィンテックで中国は世界のトップに／世界のフィンテック投資の半分が中国で／融資や資金運用での新しいサービス／インシュアテックに乗り出した保険会社／フィンテックに対する規制が強まる

2 中国で独自のSNS社会が進展……198
インターネット規制で独自の発展／無視できないSNSの政治的側面／TikTokが起こした「動画革命」

3 ユニコーン大国となった中国……204
中国のユニコーン数はアメリカに次ぐ／バイトダンスの企業価値はトヨタの3分の1／AI分野にもユニコーン／中国に多数のユニコーン企業が誕生する理由／企業の資金調達はいかに行われるべきか

第12章 中国の未来

第12章 中国の未来……211

1 「データ共産主義」が実現し、究極のデジタル独裁者が生まれるか？……211

『一九八四年』のビッグ・ブラザーは古い技術／AIを使えば大量の情報を処理できる／進行しつつある国民監視のシステム／社会信用システムで社会秩序を改善する／国民管理の道具になる危険／国と企業が密着しているから問題／「デジタル・レーニン主義」

2 「軍民融合体制」で増強された中国の軍事力……220

迎撃できない極超音速滑空ミサイル／軍事的脅威を重視するアメリカ／AIドローンの先端技術／「軍民融合体制」で進める、AIによる軍事革命

3 中国は覇権国家となりうるか？……225

覇権国の条件は寛容／ローマは寛容政策で強くなった／ローマの後継者はアメリカ／中国の「内なる寛容性」

4 未来の世界で覇権を握る国の条件は何か？……232

貧しい中国系移民の大成功物語／アメリカは寛容によって成長した／異質な体制の国家は変わりうるか？／ローマは非寛容になって衰退、アメリカや日本は？

終章　コロナウイルスに見る中国国家体制の強さと弱さ……239

1　医師の警告を活かせなかった中国国家体制の重大な欠陥……239
無視された医師の警告／現場の情報を社会全体の行動にどう結び付けるか？／情報隠蔽に走った中国当局／言論統制強化か、言論自由化か？／人々のグローバルなつながりを拡大できないか？

2　カミュの『ペスト』が提起した問題こそ、最重要……246
カミュの『ペスト』がいまの日本と重なる／自分の職務を果たすこと／「ペスト菌」は、ナチズムの暗喩／コロナウイルスはいつかは終息するが……／管理国家だから封じ込められるのか？／プライバシーがなくとも、安全な管理社会の方がよいのか？／日本人は、中国型の「ハードな対応」を望んでいない

3　コロナウイルスが提起した本質的問題……256
国のあり方の基本が問われている／悪夢のような欧米の状況／医療制度の基本が問われている／EUは何もできなかった／日本は事態の深刻さにまだ気づいていない？／日本の株価対策は宇宙人向けのものか？

（文中敬称略）

第I部

米中経済戦争の進展

第1章 新型コロナウイルスは経済活動をどの程度落ち込ませるか？

1 リーマン・ショック以来の経済危機

国際機関などの対応

２０２０年１月、中国で発生した新型コロナウイルスによる新型肺炎が全世界に広がり、大混乱をもたらした。

Ｇ７（主要７カ国、財務相・中央銀行総裁会議）は、２０２０年３月３日夜、緊急の電話会議を開き、すべての適切な政策手段を用いて世界経済の下振れリスクから守るとの共同声明を発表した。

米連邦公開市場委員会（ＦＯＭＣ）は、３日に臨時会合を開催し、０・５ポイントの緊急利下げを決定した。

経済協力開発機構（ＯＥＣＤ）は、３月2日、「経済見通し中間報告」を発表し、世界は、金融危機以来最も深刻な危機に直面しているとした。

２０２０年の世界経済の成長率（実質ＧＤＰ伸び率）を、２０１９年11月に発表した見通しから０・５％ポイント下方修正し、２・４％とした。中国の成長率は０・８ポイント減の４・９％だ。日本は、０・４ポイント減の０・２％。

しかし、アジア太平洋地域と先進諸国全体で、中国で起きているような感染拡大が見られると、２０２０年の世界経済の成長率は１・５％まで下落する可能性があり、日本やユーロ圏では不況に転じる恐れがあるとした。

ＯＥＣＤは、以上を詳細なレポートで分析している（本章の３参照）。

これに先立つ2月22日、国際通貨基金（ＩＭＦ）のゲオルギエワ専務理事は、サウジアラビアのリヤドで開催されたG20（財務相・中央銀行総裁会議）で、新型コロナウイルスの影響によって、２０２０年の世界経済成長率見通しを1月時点から０・１ポイント程度下方修正し、約３・２％にするとした。これは、世界経済への影響については、「比較的軽微で、かつ短期的となるだろう」との見通しだ。

中国は、０・４ポイント低い５・６％だ。これは、１９９０年（３・９％）以来、30年ぶりの低成長になる。

しかし、この程度で済むかどうかについては、疑問の声が多かった。この予測は、「公表された政策が実行され、中国経済が第2四半期（4～6月）に正常化する」という仮定に基づいているが、そうなるかどうかが問題だ。

2003年に大流行したSARS（重症急性呼吸器症候群）が中国のGDP成長率に及ぼした打撃は、マイナス1％ポイント程度だったとされている。しかし、新型コロナウイルスの影響は、それより大きいと考えられている。

中国のエコノミストの間では、流行が4月までに収束しても、1～3月の成長率は5％を割り、通年でも5％台の成長にとどまると予測されていた。

後で紹介する世界銀行のモデルも、IMFの予測よりは厳しい見通しを裏付ける。

中国の経済活動が大きく落ち込んでいる

新型コロナウイルスは、中国経済に大きな影響を与えた。まず、各種サービスや小売、航空、保険など多くの業種が、感染の拡大と政府の対応の影響を受けた。

製造業への影響も大きい。武漢は、世界の自動車産業の製造拠点で、日本のホンダなど自動車大手や関連の部品メーカーが集積している。そして、生産が大きな影響を受けた。

以上の状況は、統計の数字にも表れている。

景況感を示すＰＭＩ（購買担当者景気指数）は、ウイルスの影響が織り込まれる前の段階で、すでに下落の傾向を示していたが、その後、大きく低下した。

２０２０年２月29日に発表された２月の中国製造業のＰＭＩは、前月の50・０から、35・７に下落した。リーマン・ショックで大きく落ち込んだ２００８年11月（38・８）をも下回り、統計を遡れる05年１月以降で最低の記録だ。

注目すべきは、非製造業のＰＭＩが大きく悪化したことだ。１月の54・１を大きく下回る29・６となり、過去最低となった。

中国の影響力は大きくなっている

ＳＡＲＳが流行した２００３年と現在を比べてみると、世界経済に与える中国の影響は桁違いに大きくなっている。

２００３年当時、中国のＧＤＰの世界経済に対するシェアは４％程度だった。しかし、２０１８年には約16％と拡大した。２０１９年の訪日中国人は約９６０万人と、03年の21倍超だ。巨大市場中国の成長減速で、世界経済の需要が減少する影響も深刻だ。

中国工場の閉鎖は海外企業に混乱をもたらしており、アップルは中国国内での生産を一時的に停止した。中国のサプライヤーに依存している多くの企業が、部品調達の困難に直面した。

自動車部品の供給拠点である武漢での生産停止で世界の自動車メーカーの供給網が遮断され、部品が手に入らないことによる完成車の減産が生じた。

コロナウイルスの影響で中国からの旅行者が減少するので、日本の関連産業も大きな痛手を受ける。さらに中国の生産活動が停滞すると、日本の産業に重大な影響が及ぶ。日本の対中国輸出額は、２００３年から19年の間に約３倍に増加している。

以上のような状況を反映して、２０２０年２月20日以降、世界的な株安が進行した。

また、世界経済が減速することへの懸念から、原油価格が下落した。同時に、円高が進行した。

2 世界銀行による分析

感染が拡大しなければ「マイルド」よりやや軽微

以上では、ＧＤＰ成長率の見通しや中国の経済指標について述べた。しかし、こうした数字を眺めているだけでは、問題の全体像を捉えることができない。

過去のパンデミックがどの程度の影響を及ぼしたかを把握し、それとの関係で今回の問題を捉えることが必要だ。

パンデミックの経済的影響を考えるには、世界銀行による２００８年の研究が参考になる（注）。

図表１－１にその推計結果を示す。ここには、３つのケースが示されている。

第１は、マイルド（Mild）で、１９６８～69年の香港風邪程度のもの。

第２は中程度（Moderate）で、１９５７年のアジア風邪程度のもの。

第３は深刻（Severe）で、１９１８～19年のスペイン風邪程度のものだ。

「スペイン風邪」とは、１９１８年から19年にかけ全世界的に大流行したインフルエンザだ。これは、抗インフルエン

図表1-1　パンデミックの経済的影響（GDPへの影響、第1年目）

（%）

	マイルド	中程度	深　刻
世界	▲0.7	▲2.0	▲4.8
高所得国	▲0.7	▲2.0	▲4.7
開発途上国	▲0.6	▲2.1	▲5.3
東アジア	▲0.8	▲3.5	▲8.7
ヨーロッパと中央アジア	▲2.1	▲4.8	▲9.9
中東と北アフリカ	▲0.7	▲2.8	▲7.0
南アジア	▲0.6	▲2.1	▲4.9
死亡者数（百万人）	1.4	14.2	71.1

（出所）世界銀行

（注）World Bank, "Evaluating the Economic Consequences of Avian Influenza."
これは、２００６年に公表された以下の論文をアップデートしたものだ。
Warwick J. McKibbin, and Alexandra A. Sidorenko, "Global Macroeconomic Consequences of Pandemic Influenza."

ザ薬もワクチンもない時代のことであった。

感染者５億人、死者５０００万～１億人だったと言われる。当時の世界人口は18～20億人であったから、３～５％が死亡したわけだ。

日本では、人口５５００万人に対して39万人が死亡した。死亡率は０・７％ということになる。

図表１－１で「マイルド」の場合には、全世界の死亡者が１４０万人。「深刻」の場合には、７１００万人になる。この死亡者数は、スペイン風邪の場合とほぼ同じ程度だ。

コロナウイルスによる死者は、３月初め時点では全世界で約３０００人だったが、４月初めで約７万人に近づいている。仮にこのペースで１年間続くなら「マイルド」よりさらに軽微ということになるが、そうなるかどうかは、本稿執筆段階では何とも分からない。

世界全体のＧＤＰに対する影響（第１年目の影響）を見ると、マイルドの場合は減少率が０・７％ポイントだ。

ＯＥＣＤの予測では、世界ＧＤＰが０・５％ポイント減少するとしているのだから、図表１－１の結果と照合すると、「マイルド」よりもやや軽微ということになる。

そして、アジア太平洋地域と先進諸国全体で、中国で起きているような感染拡大が生じると、１・５％ポイント減少するというのだから、図表１－１の「マイルド」の２倍くらいにはなるが、「中程度」よりやや軽微、ということになる。

ＩＭＦの統計によると、２０１７年の世界の国内総生産（名目ＧＤＰ）は84・９兆ドルだから、その０・５％は、０・42兆ドル程度（47兆円程度）になる。これは、日本のＧＤＰの約１割に匹敵する程度の額だ。

おおまかに言うと、ＧＤＰに対する影響度は、先進国より開発途上国で大きい。これは、人口密度が高く、所得水準も低いからだ。

なお、リーマン・ショック後の世界的な景気後退では、２００９年の世界のＧＤＰは、全体で０・１％の減、先進国が３・４％の減、新興国が２・９％の減だった。

供給面でなく、需要面で問題が生じる

経済的なコストは、どのような形で生じるのだろうか？

これについて、前に紹介した世界銀行による２００８年の研究は、いくつかのケースのうちの１つのケースについて、コストの内訳を示している（図表１－２参照）。

図表 1-2 パンデミックの経済的影響（要因別）

（％ポイント）

要　因	影　響
死亡	▲0.4
病欠	▲0.9
感染拡大防止	▲1.9
合　計	▲3.1

（出所）世界銀行

コストは3種類のものに分類される。

第1は、死亡。これは、労働者が死亡することによって経済活動ができなくなることのコストだ。これはマイナス0・4%ポイント。

第2は、病欠。労働者が欠勤することによって経済活動ができなくなることのコストだ。これはマイナス0・9%ポイント。

第3は感染拡大防止に伴うコスト。これは、感染拡大防止のために人々の移動を制限したり旅行を制限したりすることによって生じるコストだ。これはマイナス1・9%ポイント。

これは、旅行などの需要減という形で生じる、「非必須消費」の減少だ。

以上の3つを比較すると、コストの大部分は第3のカテゴリーで生じることになる。

今回のコロナウイルスで、一般には、中国の工場閉鎖や工場再開延期などによって部品の供給が滞り、世界のサプライチェーンへの影響が懸念されている。日本の工場でも、生産できないなどの問題が指摘されている。これは、「供給面」の問題だ。

確かにそうした問題はあるだろう。しかし、世界銀行の研究結果で見る限り、それは最大のコストではない。主要な問題は、「需要面」で生じるのだ。

もちろん、この研究が行われた2008年当時には、現在のような世界的分業体制は確立されていなかった。だから、この結果をそのまま受け取ってよいかどうかは問題だ。

中国のプレゼンスが一昔前に比べて格段に大きくなったことは、ＯＥＣＤのレポートも強調している。

しかし、移動制限や行動制限に伴うコストが大きいことは、今日でも正しいだろう。

このモデルでも、移動制限措置がＧＤＰに及ぼす影響はマイナス１・９％ポイントだが、観光とサービス活動（レストランや航空、その他必須ではない消費支出）は20％減少するとしている。

日本の実際のデータを見ても、２０２０年3月初めの時点で、こうした傾向がすでにはっきりと表れている。

まず、各航空会社が減便を決めた。米デルタ航空は、アメリカと日本を結ぶ路線を約３割減らした。日本航空と全日空は、国内の路線について、減便することを決めた。国内線全路線の予約は、前年同期と比べて、４割ほど減少しているという。全日空では、北海道の空港を発着する路線で予約が半減した。

新幹線は、2月下旬の段階で乗客数が1割減だった。

3月2日に発表された大手百貨店の2月度の売上高速報値によると、三越伊勢丹は、2月の国内既存店売上高（グループ会社含む）が前年同月比13・6％減だった。三越銀座店は同36・2％減。松屋銀座店は同31・6％減、大丸心斎橋店は45・5％減だった。

こうした損失は、仮に感染拡大が収まったとしても、回収できないものが多い。

施策は慎重に行われる必要がある

以上を考えると、行動制限にあたっては、慎重な判断が必要だ。

つぎの2つを判断する必要がある。

第1に、行動制限は本当に効果があるものなのか？

第2に、行動制限に伴う経済的損失をどう補てんするか？

第1点について言うと、日本では、すでに2月16日に不要不急の会合の自粛要請が行われた。

さらに、2月27日、安倍晋三総理が小・中・高校の休校要請を表明した。

しかし、休校措置の効果が疑わしいことは、素人でもわかる。

両親が働いている場合には「学童保育」に任せる親が多いが、この多くは、学校より密集した空間であると言われる。この場合には、かえって感染の可能性を高めてしまうわけだ。この点は、国会でも議論になった。そして、満足のいく回答が得られなかった。

事実、栃木などいくつかの県が休校しなかった。休校要請が本当に必要な措置だったのかどうかは、大いに疑問だ。

補てんは公平に行われなければならない

つぎに、前記の第2点について考えよう。

日本では、これについても、一部はすでに実施が決まっている。すなわち、臨時休校に伴って仕事を休む保護者への支援策として、賃金を支払った事業主に最大で3分の2程度を補てんする新たな助成金を創設するとしている。

これも問題が多い。

なぜなら、休校措置についてはこの施策が行われたが、その他のケースについては、何もされていないからだ。たとえば、イベントの中止により大きな損失が生じるが、それは補償されない。

「不要不急」であるとしても、政府の要請によって中止され、それによって所得が失われるのは、間違いない事実だ。

今後、大規模なスポーツイベントなどを中止せざるをえない状況が想像される。そうした場合に、予定していた収入が得られなくなることにどう対処するか、という問題が生じる。

これは、仮にコロナウイルスが早期に収束するとしても、必ず生じる問題である。そして、「政府は要請しただけであって、禁止したわけではないから、補償の責任はない」という論理は成立しない。なぜなら休校は自粛要請だったにもかかわらず、救済措置を約束したのだから。

アンケート調査の結果

休校要請問題について、私はｎｏｔｅのウェブサイトでアンケート調査を行った。

ここには、批判的な意見が多く寄せられた。

まず、52・5％が「休校措置の効果は疑わしい」とした。「適切な措置だ」との回答は、8・2％しかなかった。

26・2％が「フリーランスや自営業者が対象外なのは不公平」、19・7％が「フリーランスや自営業者は、イベント自粛要請で収入そのものが減る。この対策の方が重要」とした。

この他、つぎのような意見があった。

「私もフリーランスなので、本当に切実な問題」

「一斉休校そのものが専門家会議や専門家を無視した政策で、実行するリスクとベネフィットがバランスしていない。ベネフィットがないか、限りなく少ない。一方、イベントなどや外出を控える短期的な経済的な損失は計り知れない」

「子ども対象の学習教室を運営しています。休校に伴い教室も休まざるをえず、スタッフも休みにすると、スタッフの給与も減ります。スタッフは、小学生の親でもなく、仕事を休まざるをえないという対象でもないので、補償が得られません」

給与所得者と自営業やフリーランスの差

以上で述べた問題に関して、給与所得者と自営業やフリーランスの差を痛感せざるをえない。

会社に雇われている人は、仮に自宅待機になったとしても、それによって給料を減らされることはないだろう。会社が倒産するのでない限り、所得を保障されている。大企業であれば、まず大丈夫だろう。

しかし、自営業者やフリーランスは、これとはまったく違う状況に直面している。直接に所得がなくなってしまうのだ。

資金繰りに対処できなければ倒産してしまう。それが連鎖的に影響を及ぼすということもありうる。

観光業が深刻な問題に直面しているが、問題に直面しているのは、観光業だけではない。株価が大きく下がっている。しかし、これは大企業の状況を表す指標だ。中小零細企業や個人事業の状況はもっと深刻だ。

コロナウイルスが経済に与える影響として、生産がどの程度減るかとか、GDPがどの程度減るかなどが、普通は議論される。しかし、これらはマクロの数字だ。前述したような問題、つまり、組織として仕事をしているか個人として仕事をしているかの差は、考えられていない。

私は、人々が組織に依存することから離れて、独立して働くことが望ましいと考えていた。

しかし、このような異常事態に直面すると、考え込まざるをえない。

3 コロナウイルスの影響――OECDによる予測

2020年に世界GDPが0・5％落ち込むが、21年に長期的趨勢を取り戻す

前述した世界銀行の研究は、過去のパンデミックに関するものだ。では、今回の新型コロナウイルスは、経済活動にどの程度の影響を及ぼすか？

その概要は本章の1で述べた。詳細は、OECDが2020年3月3日に発表したつぎのレポート"Coronavirus: The world economy at risk," March 2, 2020 にある。

ここには、(1)コロナウイルスが抑え込まれるという「最良シナリオ」と、(2)感染が広がるという「ドミノシナリオ」が計算されている。

(1)の結果は、図表1‐3に示されている。

全世界の実質GDP成長率の2020年の見通しは、2019年11月に発表した見通しである2・9％から0・5％ポイント下方修正し、2・4％になる。2021年には、緩やかに上昇して3・3％になる。

中国の経済成長率は、2019年は6・1％だったが、2020年には、前回予測から0・

8ポイント低い4・9%になる。

日本の2020年の経済成長率は0・4ポイント、韓国は0・3ポイント低下する。

つまり、「2020年にはかなりの影響があるが、21年には長期的趨勢を取り戻す」ということだ。長期的に見た場合の中国の成長には影響しない。
(1)のシミュレーションの仮定は、「中国で感染が第1四半期にピークとなり、それ以降は徐々に収まる」というものだ。
これは仮定であって、こうなるという予測ではない。

ドミノシナリオ

(2)の「ドミノシナリオ」では、新型コロナウイルスの影響が長期化し、感染がアジア太平洋地域、欧州、北米にも広がる場合を想定した。
この場合には、2020年の世界経済の成長率は201

図表1-3 コロナウイルスが実質GDP伸び率に与える影響(OECDによる推計)

(%、ポイント)

	2019年	2020年		2021年	
		伸び率	増　減	伸び率	増　減
世界	2.9	2.4	▲0.5	3.3	0.3
ユーロ圏	1.2	0.8	▲0.3	1.2	0
日本	0.7	0.2	▲0.4	0.7	0
韓国	2.0	2.0	▲0.3	2.3	0
イギリス	1.4	0.8	▲0.2	0.8	▲0.4
アメリカ	2.3	1.9	▲0.1	2.1	0.1
中国	6.1	4.9	▲0.8	6.4	0.9

(出所) OECD

9年11月に発表した2020年の見通しから1・5%ポイント低下して、1・5%程度になる。

日本やユーロ圏を含む一部の国・地域では不況に転じる恐れがある。

ただし、この場合にも、2021年には収まる。

現在のところ、医療体制は後れをとっている。検査も、特効薬も、ワクチンもない。

しかし、いずれ開発されると期待してよいだろう。

スペイン風邪の場合、死亡者が7000万人でGDPはマイナス3%

過去の大流行を見ても、GDPに対する影響は意外に小さい。

SARSの場合、中国のGDPに対する影響はマイナス1%程度だったとされる。

ただし、2003年当時には、まだアップルの世界分業も始まっていなかった。世界的な水平分業の展開はなかった。したがって、今回の方が遙かに影響が大きいだろう。

スペイン風邪の場合、終息までに2年間かかったが、これは、ウイルスの存在も知られていなかった時代で、参考にならない。しかも、第一次世界大戦中だった。

その場合においても、GDPに対する影響は3%程度だ。犠牲はあるが、経済の基本は変わらない。

2020年が大きく攪乱されることは避けられないだろうが、長期的に考えれば、本書でこれから論じるようなことが重要になる。

事態は予断を許さない

以上で紹介したOECDの予測は2020年3月初めの時点のものだが、その後、事態は急変した。

欧米諸国で爆発的な感染拡大が生じたのだ。とりわけ、イタリア、スペインでの状況は深刻で、医療体制の崩壊と言えるような事態に陥った。イタリアの死亡者数は、中国のそれを超えた。

また、アメリカでも感染が拡大し、感染者数が世界一となった。

前で、「死亡者が7000万人でGDPはマイナス3%」と述べたが、これは、「経済に対する影響が小さい」という意味ではない。

今回の場合、人々の行動が制限され、企業や事業者の売上が急減していることから、深刻な問題が生じる可能性は十分にある。

また、仮に感染が終息したとしても、「国家のあり方」などに関する基本的な問題がわれわれに突きつけられたことは否定できない。

この問題については、終章で論じることとする。

第2章

米中の制裁関税で大きく落ち込む貿易

1　米中貿易戦争

関税戦争の勃発

米中貿易戦争が勃発し、世界経済が大きく攪乱された。

その経緯は、図表2－1と図表2－2に示すとおりだ。

2018年7月にアメリカが第1弾の制裁関税を発動した。中国は、これに対して報復関税を課し、米中関税戦争が始まった。

8月、9月には、第2弾、第3弾の制裁関税が発動された。これによって、中国からの輸入の約半分に高率の関税が課されることとなった。

2019年の6月1日には、2000億ドルに対する制裁関税が10％から25％に引き上げられた。

図表 2-1　米中貿易戦争の経緯

2018年	
4月	米商務省は、ZTEがイランに違法に輸出していたとして、米企業との取引を7年間禁じる制裁を科した。
7月	米中双方が第1弾の制裁関税を発動して、米中貿易戦争が始まった。
8月	アメリカ国防権限法が成立。ファーウェイとZTE、監視カメラ大手など中国5社から政府機関が製品を調達するのを2019年8月から禁じる。2020年8月からは5社の製品を使う企業との取引も打ち切る。
8月23日	米中が第2弾の関税措置を発動。半導体や化学品など中国からの輸入品160億ドル（約1兆8000億円）、279品目に25%の関税を上乗せする。
9月24日	米中が第3弾の関税措置を発動。中国からの輸入品2000億ドルを対象に10%の関税を上乗せし、2019年以降は25%に引き上げる。
10月4日	ペンス米副大統領が対中政策に関する演説で、中国を批判。
12月	カナダがファーウェイCFOを逮捕。
2019年	
1月28日	米司法省はファーウェイCFOを、アメリカの対イラン制裁に違反する取引に関与した疑いで起訴。
5月	・米中貿易協議が決裂したことを受けて、アメリカが年2000億ドル分、中国が600億ドル分の相手国産品に対する追加関税率を最大25%に引き上げ（中国の実施は6月1日）。 ・米商務省は、アメリカ製品の輸出を禁止する産業安全保障局（BIS）のエンティティー・リスト（EL）にファーウェイを追加すると発表した。ファーウェイと米民間企業との取引を事実上禁じる。 ・外国の敵対勢力下にある企業の情報通信機器の取引を禁止（大統領令）。
6月	米中両国は6月末、大阪で開かれた20カ国・地域（G20）首脳会議にあわせ首脳会談を持ち、中断していた貿易協議の再開で合意。トランプ大統領は第4弾の発動を見送った。
8月7日	アメリカ政府は、2018年8月に成立した「アメリカ国防権限法」に基づき、米政府機関がファーウェイを含めた中国企業5社から製品調達することを禁じる規制を2019年8月13日に発効させると発表した。
8月23日	トランプ大統領が中国の報復関税に対して追加関税を発表、市場が動揺。
9月1日	・トランプ大統領は、中国からの輸入品のほぼすべてに追加関税を課す「第4弾」を発動し、同日と12月15日の2回に分けて実施するとした。 ・9月発動の対象は、テレビやカメラなど約1120億ドル分、12月はスマートフォンやゲーム機など約1600億ドル分。 ・これに対して、中国も2回に分けて計750億ドル相当の米農産品などに対して5%または10%の関税を上乗せするとした。9月以降の大豆の追加関税率は30%、牛肉の一部は35%になった。また、アメリカからの農産品の購入を一時停止した。
12月13日	・アメリカと中国が貿易交渉で第1段階の合意に達した。 ・アメリカは、12月15日に予定していた対中追加関税リスト4B（輸入額1560億ドルに相当する品目）の発動を見送るとともに、9月1日に発動した対中追加関税リスト4A（輸入額1200億ドルに相当する品目）の追加関税率を15%から7.5%に引き下げる。ただし、すでに発動されているリスト1～3（輸入額2500億ドルに相当する品目）の追加関税率は、25%のまま据え置きとなる。 ・中国はアメリカからの750億ドル分に対する関税を10%、5%から、それぞれ5%、2.5%に引き下げる。

図表 2-2 制裁関税措置の推移

段階	決定日	対象と制裁関税率	発動日	中国からの報復
	2018/3/8	鉄鋼に25%、アルミニウム製品に10%	2018/3/23	
第1弾	2018/6/15	半導体、産業用ロボット、自動車など 818品目に25%（340億ドル）	2018/7/6	即日に340億ドルの報復関税 （大豆、水産物、自動車など545品目）25%
第2弾	2018/8/7	電子部品、プラスチック・ゴム製品、産業機械など 279品目に25%（160億ドル）	2018/8/23	即日に160億ドルの報復関税 （燃料、鉄鋼製品、医療機器など333品目）25%
第3弾	2018/9/17	革製品、水産品、農産品、機械類、PC部品、白物家電など5745品目に10%（2000億ドル）	2018/9/24	即日に600億ドルの報復関税 （LNG、宝飾品、アルコールなど 5207 品目）10%
	2019/5/10	第3弾2000億ドル分につき10%から25%へ引き上げ	2019/6/1	25%へ引き上げ
第4弾	2019/9/1	中国からの輸入額の残りすべてである約3000億ドルに10%。25%もありうると示唆	2019/9/1 （12月15日に予定されていた分は第1段階合意で見送られた）	アメリカからの農産物輸入に5%ないし10%。農産物輸入を一時停止

（注）2018 年 3 月 8 日の措置の対象は全世界。根拠法は通商拡大法 232 条で、根拠は安全保障。
それ以外の措置の対象国は中国。根拠法は通商法 301 条で、根拠は知的財産権侵害。

アメリカの中国からの財輸入総額は、2018年で5397億ドルだ（2019年1～11月では4186億ドル）。したがって、25%という高関税が、アメリカの中国からの財輸入総額のほぼ半分に課されたことになる。

さらに、2019年9月1日に、トランプ米大統領は、中国からの輸入品のほぼすべてに追加関税を課す「第4弾」を発動し、同日と12月15日の2回に分けて実施するとした。

これに対して、中国も2回に分けて計750億ドル相当の米農産品などに対して5%または10%の関税を上乗せするとした。

図表 2-3　アメリカの対中輸出・輸入（対前年同月比）

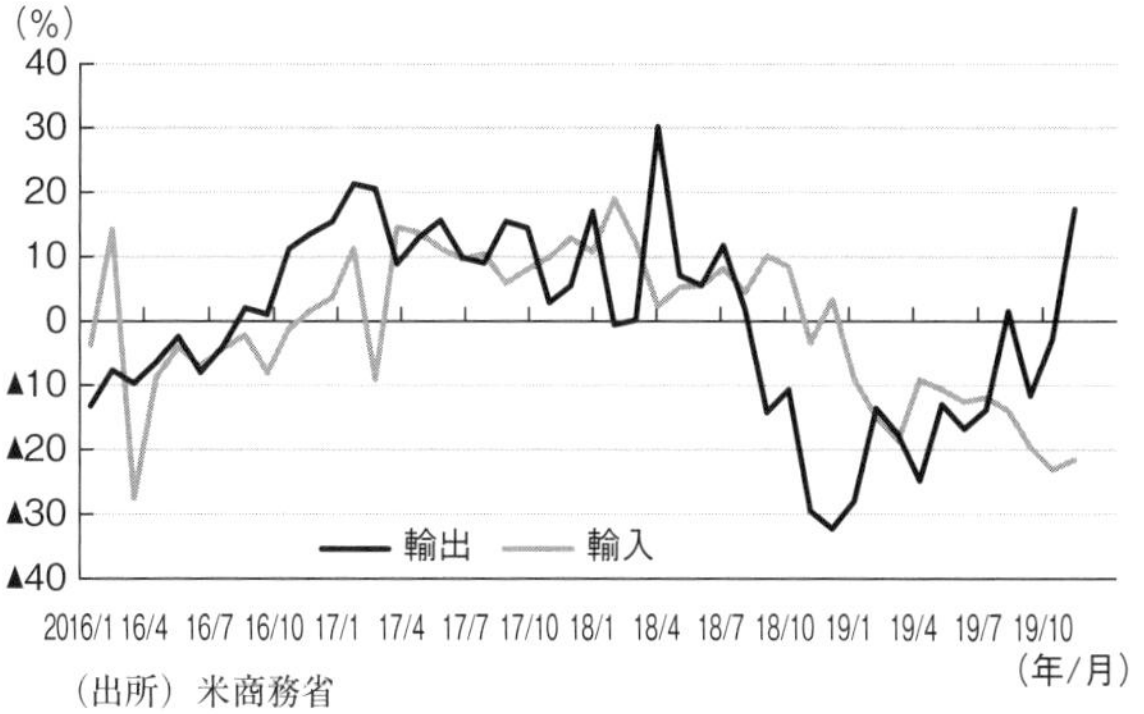

（出所）米商務省

米中間の貿易が大きく落ち込む

高率の関税が課された結果、米中間の貿易が大きく落ち込んだ。

図表２－３（アメリカの対中輸出・輸入）に示すように、アメリカの対中輸出は、２０１８年夏から伸び率がマイナスになった。また、アメリカの中国からの輸入は、２０１８年末頃から伸び率がマイナスになった。

２０１９年には、輸出入とも対前年比がマイナスだ。９月では、輸出がマイナス11・６％、輸入がマイナス19・６％だ。

一方、中国の貿易状況は、図表２－４に示すとおりだ。

２０１９年上半期において、対米輸出は対前年同

図表 2-4 中国の主要国・地域との貿易額

（億ドル、%）

項目		2019 年上半期	
		金額	前年同期比
貿易総額	全世界	21,612	▲2.0
	EU	3,380	4.9
	ASEAN	2,919	4.2
	アメリカ	2,583	▲14.2
	日本	1,511	▲4.0
	韓国	1,396	▲8.6
輸出	全世界	11,712	0.1
	EU	2,029	6.0
	アメリカ	1,994	▲8.1
	ASEAN	1,645	7.9
	香港	1,292	▲6.3
	日本	695	▲1.1
輸入	全世界	9,900	▲4.3
	EU	1,352	3.3
	ASEAN	1,273	▲0.2
	韓国	845	▲14.6
	日本	816	▲6.4
	アメリカ	589	▲29.9

（注）国・地域の順序は各項目の金額による。

（出所）JETRO（原資料：中国海関総署）

期比がマイナス８・１％になっている。

しかし、注目すべきは、中国の対全世界輸出は、０・１％の増となっていることだ。これは、ＥＵやＡＳＥＡＮ向けの輸出が増えていることによる。貿易戦争の結果、中国の輸出が全体としても減少しているように思っている人が多いのだが、実際にはそうではない。

他方で、全世界からの輸入は、対前年比がマイナス４・３％となっている。日本からの輸入はマイナス６・４％だ。

図表 2-5　日本の輸出入の対前年同月比

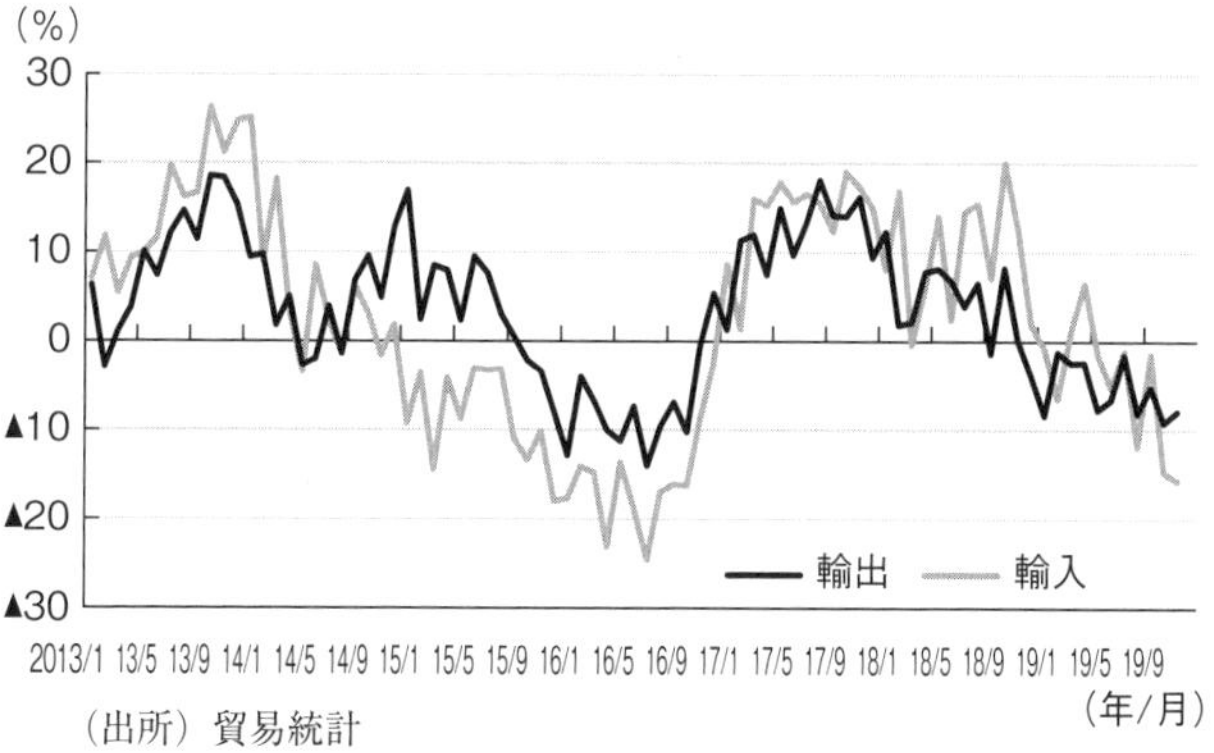

（出所）貿易統計

このように、中国の純輸出（輸出マイナス輸入）は、増えた。GDPに影響を与えるのは、対米輸出だけでなく、全体としての純輸出であるはずだ。それが増加しているのだから、影響は、むしろプラスになっているはずだ。

それにもかかわらず、中国の経済状況は悪化した。これはなぜであろうか？　これについては、本章の2で述べる。

日本の輸出も減少

貿易の落ち込みは米中間だけのことではない。日本の輸出も落ち込んでいる。

対前年同月比の推移を見ると、図表2－5に示すように、2017年夏頃がピークだった。その後、対前年同月比は低下傾向で、2018年10月以降はマイナスの月が多くなっている。2019年9

図表 2-6　日本の対中輸出入の対前年同月比

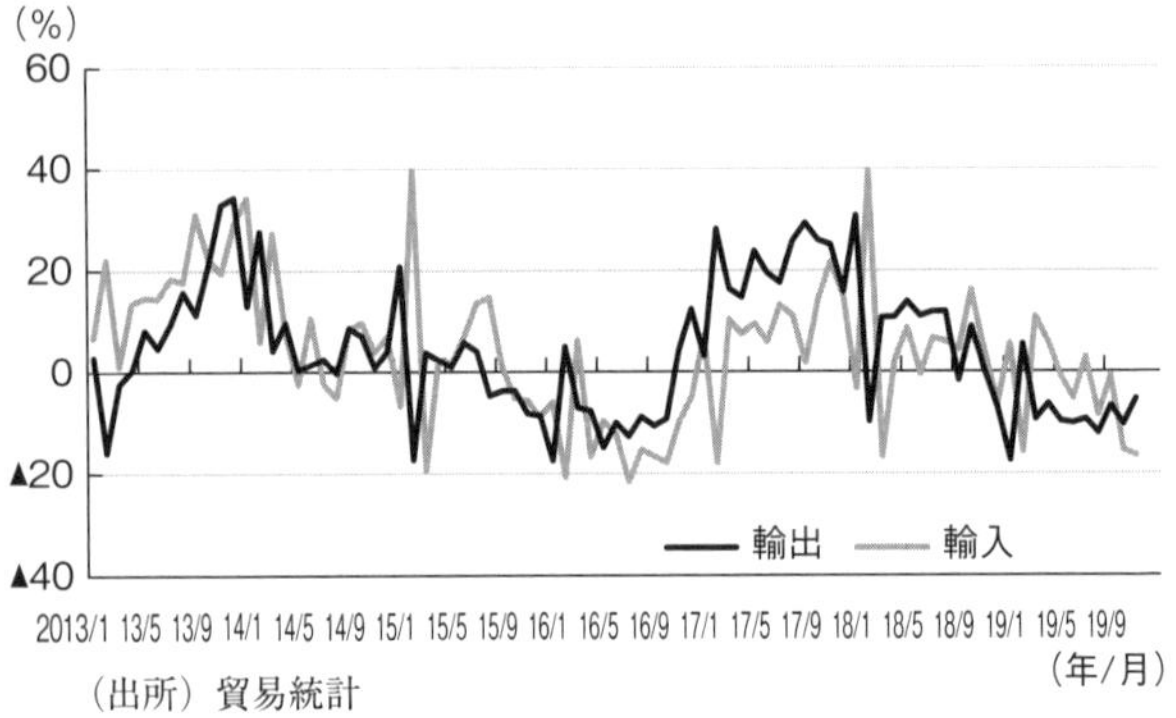

（出所）貿易統計

図表 2-7　日本の対米輸出入の対前年同月比

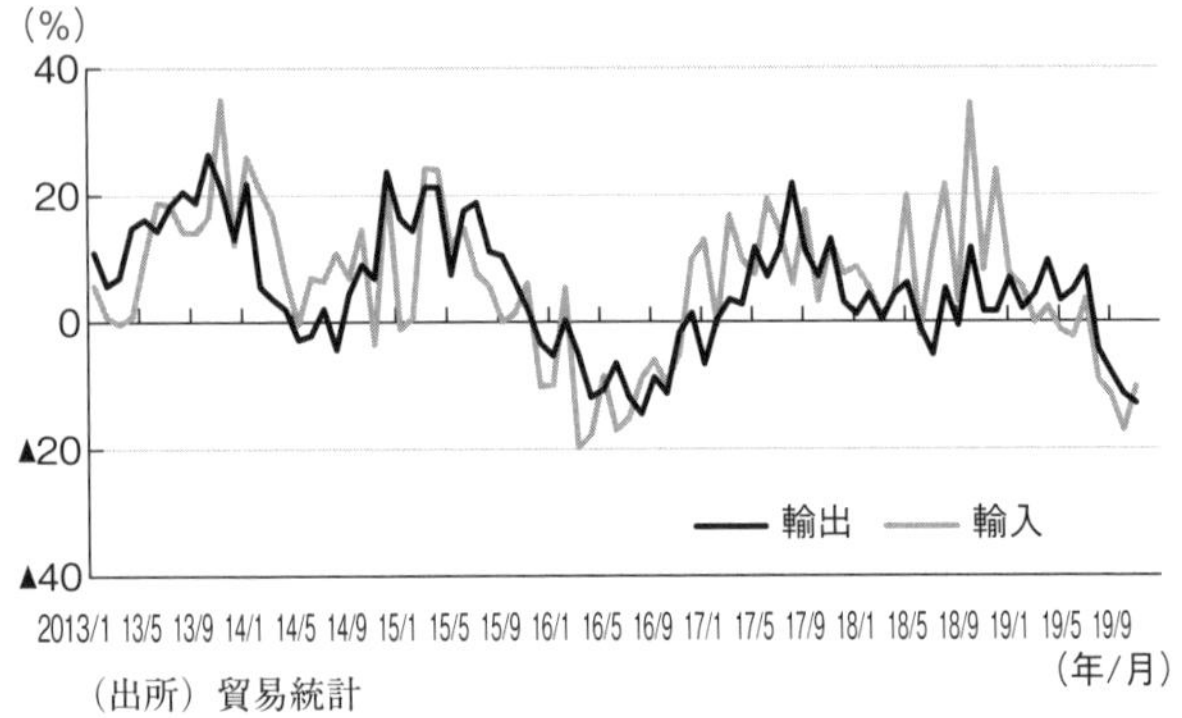

（出所）貿易統計

月の対前年比は、マイナス5・2%だ。

輸出額で見ると、2018年4～6月期には20・2兆円だったのが、2019年4～6月期には19・1兆円になった。したがって、1・1兆円の減少だ。

なお、中国に対する輸出は、2017年には大きく増えたが、19年から対前年比がマイナスになっている（図表2－6）。

日本のアメリカに対する輸出は、図表2－7に示すとおりだ。

このように、米中貿易戦争の影響は、米中間の貿易だけではなく、日本の輸出にも大きな影響を与えているのだ。

2 貿易戦争の経済への影響

輸出依存度が高い中国は高関税に弱い

図表2－8は、輸出依存度（財・サービスの輸出の対GDP比）の推移を見たものだ。

中国の依存度がずば抜けて高い。1990年代に、中国工業化と歩調をあわせて輸出依存度も上昇し、2006年に36%を超える水準にまで達した。日本の高度成長期である1960年代において、輸出依存度が10%程度でしかなかったことに比べると、大きな違いだ。1990

図表 2-8 財・サービスの輸出の対 GDP 比

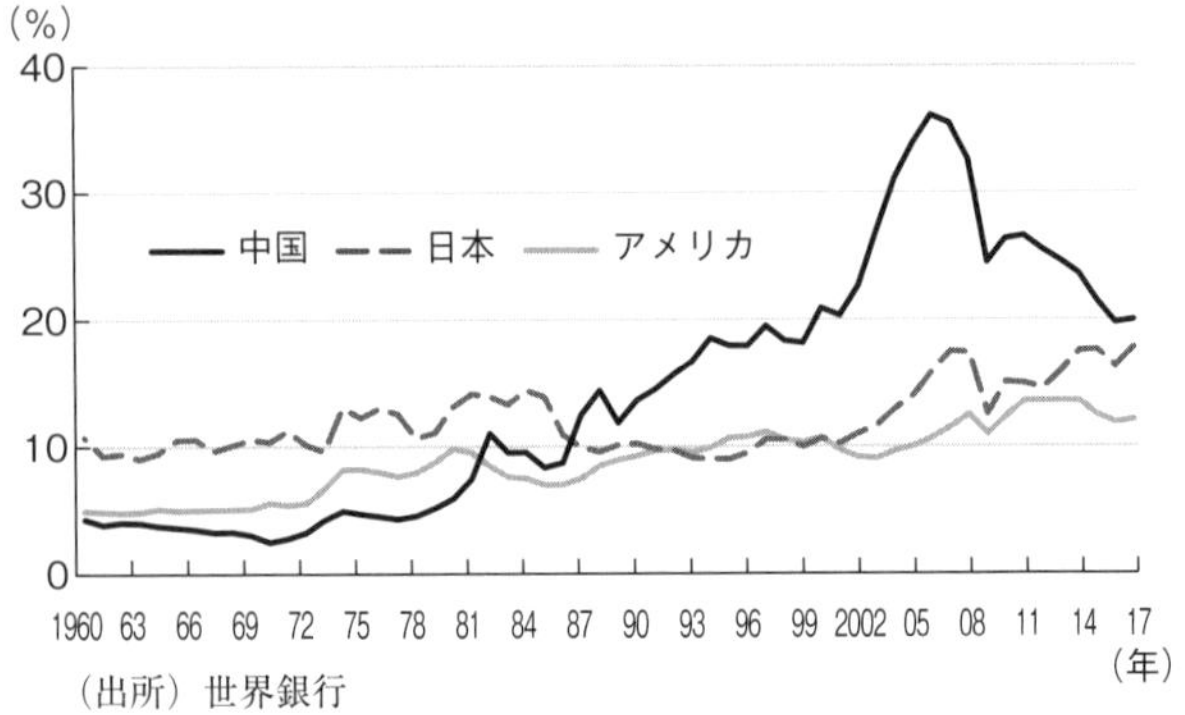

（出所）世界銀行

年代以降の中国の驚異的な成長は、輸出の増加によって実現したのである。

輸出依存度が高いため、何らかの理由で輸出が減ると、中国経済は大打撃を受ける。これは、2008年のリーマン・ショックで実際に起こったことだ。その後、中国経済は「新常態（newnormal）」と呼ばれる構造に移行し、輸出依存度を下げてきた。それでも、現在20％程度であり、他国に比べると高い。

中国鉱工業生産の伸びが低下

図表2－9（中国の実質GDP対前年同期比）で示すように、中国の2019年第2四半期の実質GDPは、前年比6・2％増と、1992年第1四半期以来27年ぶりの低い伸び率となった。

成長率の低下は、その後も続いている。2019

図表 2-9 中国実質 GDP 対前年同期比

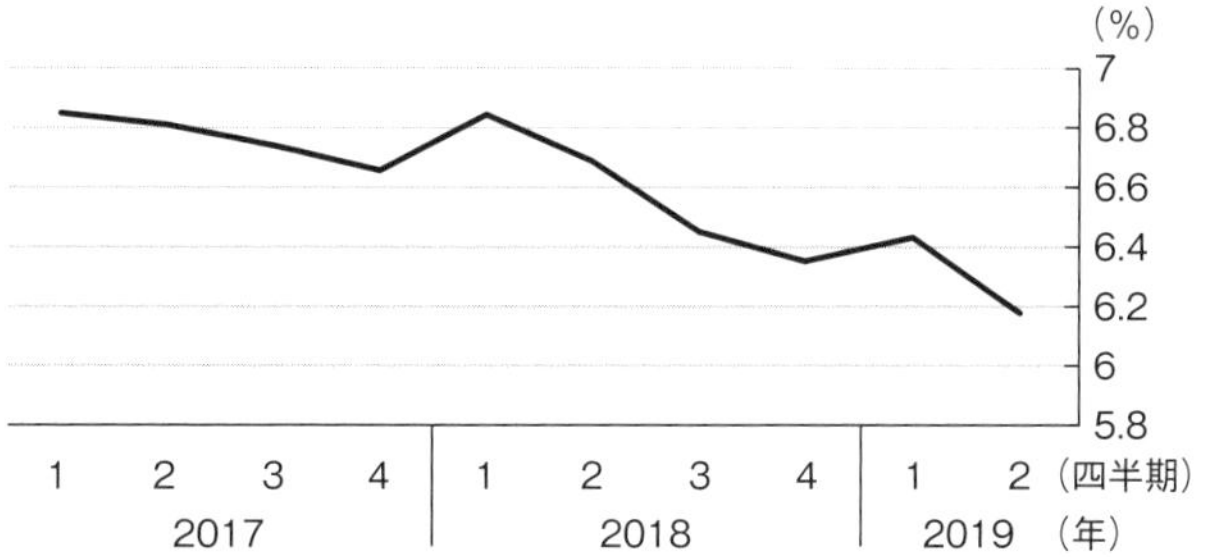

(出所) 中国国家統計局

年第3四半期の中国の実質GDP(国内総生産)の前年同期比は、6・0%となった。前期から0・2ポイントの低下で、29年ぶりの低水準となった。

ただし、中国GDP伸び率の低下は、賃金の上昇等による中長期的な現象であるとも考えられる。貿易戦争の影響を見るためには、失業率等の統計を見るのがよいのだが、中国の場合に、これが実体経済の状況をどの程度正確に反映しているのかは、疑問だ。

中国の経済状況を最もよく反映しているのは、製造業関連の指標であろう。

まず、PMI(購買担当者景気指数)がある。中国国家統計局が2020年1月31日に発表した2019年10月のPMIは49・3で、前月から悪化し、2月以来の低い水準にとどまった。11月には50・2となり、景況拡大と悪化の分かれ目となる50を7カ月ぶりに上回った。ただ回復はわずかだった。

図表2-10　中国の鉱工業生産（対前年増加率）

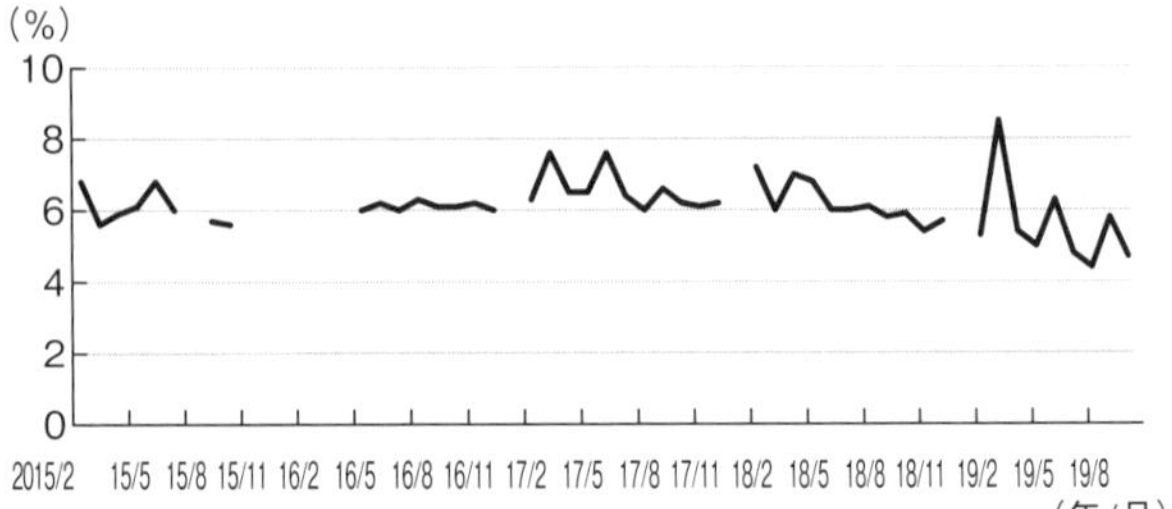

（注）一部のデータが欠落している。
（出所）中国国家統計局

つぎに鉱工業生産がある（図表２－10参照）。２０１９年10月の鉱工業生産は、前年比４・７％増と、伸びが大幅に鈍化した。これは、リーマン・ショック直後以来の低水準だ。鉱工業生産の伸びは、２０１８年の夏までは６％を上回っていたのだが、その後５％台に低下し、２０１９年７月からは４％台に低下している。

これらから見ると、２０１８年以降、中国製造業の状況が悪化したことは間違いない。

中国輸出業者が関税を負担？

ところで、先に述べたように、中国の純輸出は増加していたので、ＧＤＰに対してはプラスの影響があるはずだ。それにもかかわらず、実際には、ＧＤＰ成長率が低下し、鉱工業生産の伸びが低下している。これはなぜだろうか？

その原因としては、中国からの輸出にかかっている追加関税の分を中国輸出業者が負担しなければならなくなっていることが考えられる。これによって、関税込みの価格を従前と同じレベルにとどめようとしているのだ。

このため、中国国内の製造業の採算が悪化し、工場がベトナムなどに移転しつつあるのではないかと考えられる。こうした動きが、繊維製品や玩具など付加価値率の低い工場で起きている可能性がある。このため、鉱工業生産やGDPの伸びが低下しているのだ。

外資の生産拠点が中国から東南アジアへ

以上で見たのは、貿易である。国際的な取引としては、資本取引もある。

資本取引には、直接投資と証券投資がある。直接投資は、現地の企業を買収したり、工場を建設したりする投資だ。証券投資は、株式や国債などの有価証券を取得する投資である。

ここでは、直接投資を見よう。図表2－11は、直接投資のネットの流入（対内投資から対外投資を引いた額）のGDPに対する比率である。これについても、他国に比べて中国が圧倒的に高い。中国の経済発展を支えた投資は、自国内で生み出された貯蓄によって賄われたのではなく、主として外資によって賄われたからだ。つまり、中国の経済発展は外資によってなされてきたのである。

図表 2-11　ネットの直接投資の対 GDP 比

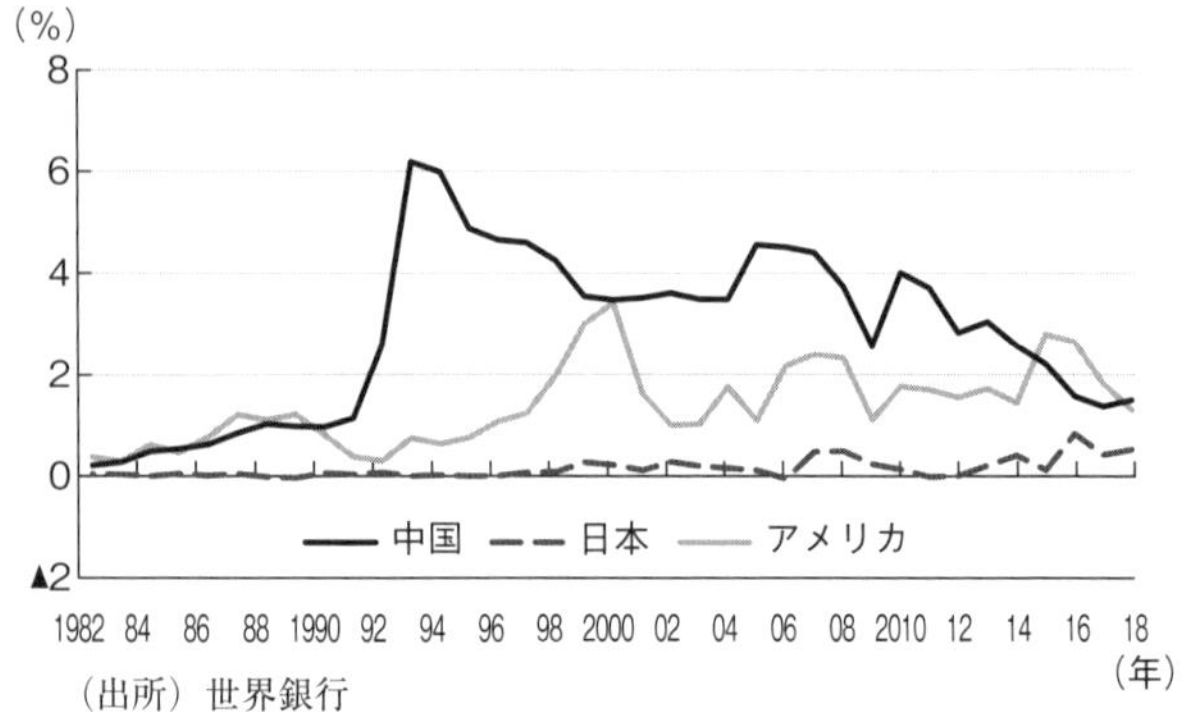

（出所）世界銀行

ただし、これについても、「新常態」への移行によって、最近では数字が低下している。しかし、過去において流入した資本があるから、ストックで見れば、依然として極めて高い。つまり、中国の経済活動においては、外資の比重が高いのである。このことは、とりわけ輸出産業について言えることだ。中国の輸出に占める外資系企業の比率は、最近でも50％近い。

ところが、高関税によって中国からの輸出が不利になると、サプライチェーンの再構築が起きる可能性が高い。中国国内にあった外資の生産拠点がタイやベトナムなどの東南アジア諸国に移転するのだ。

外資が逃げ出せば、中国経済に大きな影響が及ぶだろう。これは、中国の生産活動に大きな影響を与える可能性がある。とりわけ輸出産業において外資の比率が高いので、この面から中国の経済が打撃を受ける可能性がある。

なお、アメリカの経常収支は一貫して赤字であり、したがって、資本収支は黒字だ。この点では、アメリカも中国と同じく、海外からの資本収入によって支えられている。

アメリカ経済は大きな影響を受けていない

中国の輸出依存度が高いのに対して、アメリカの輸出依存度は一貫して低い。したがって、米中貿易戦争で高関税の掛け合いをすると、その影響は、中国経済においてより強く現れる。実際、アメリカの経済が貿易戦争によって悪化したという兆候は見られない。トランプ大統領が強気である背景には、こうした事情がある。

ただし高関税の影響は、輸出だけに及ぶのではない。輸入も影響を受ける。高関税によって国内物価が上昇するという問題がある。

原理的に言うと、この効果は、アメリカの方が強く働く。それは、工業製品の中には、アメリカ国内ではもはや生産できなくなっているものが多いからだ。これは、アメリカの輸入依存度が高いことに現れている。

こうしたものは、仮に高い輸入関税がかかってもアメリカは輸入を続けざるをえず、このため、アメリカ国内で物価が上昇する。これは、アメリカのメーカーや消費者の負担になる。アメリカの企業や消費者は、この理由で、関税率引き上げに反対してきた。

ただし、これまでは、この問題が顕在化していない。事実、アメリカの消費者物価は、2019年になってから5月までは、伸び率が低下していた。したがって、追加関税による物価上昇効果はなかったといえる。こうなった原因は、高率関税リストの中に消費財が含まれていなかったことだ。

なお、元安が進んでいるので、それによって追加関税の効果が打ち消された可能性もある。また、前述のように中国輸出業者が関税増加分を負担し、輸出価格の上昇を抑えている可能性もある。そうだとすると、中国は、一方的に負担を強いられていることになる。いわば、「貿易戦争で負けている」わけだ。

ただし、輸入価格がまったく上昇していなければ、アメリカの輸入は減らないだろう。実際には先ほど見たようにかなり落ち込んでいるのだから、輸入価格はかなり上がっているはずだ。とはいえ、一部は負担して採算が悪化しているのは事実だろう。

トランプ大統領は、「貿易戦争でアメリカが勝っている」と主張しているが、それは必ずしも「強がり」や「はったり」ではなく、現実にそうなっている可能性が高い。これは、中国にとっては深刻な事態だ。

アメリカの実質GDPを見ると、対前期比（季節調整済み）は、2019年第1四半期が

３・１％、第２四半期が２・０％、第３四半期が１・９％だ。このように、２０１８年の値（第２四半期が３・５％、第３四半期が２・９％）に比べると低下してはいるものの、あまり大きな落ち込みとは言えない。いまのところ、アメリカは、それほど大きな影響を受けているようには見えない。

対中輸出減で日本の製造業も悪化

日本では、輸出が減少した結果、製造業の業績が悪化している。日本の製造業の利益には、２０１８年以降、明らかに変調が見られる。

２０１８年夏以降、前年同期比が低下し、２０１９年４〜６月期にはマイナスになっている。額で見ると、19年４〜６月期では、97・９兆円だ。これは、２０１８年４〜６月期の99・１兆円に比べ、１・２兆円（１・２％）の減少だ。これは、先に見た輸出減とほぼ同額だ。したがって、輸出減がそれと同額の売上減を引き起こしたと言える。

つぎに、製造業の営業利益の額の変化を見よう。２０１９年４〜６月期には４・２兆円だ。これは、２０１８年４〜６月期の５・４兆円に比べて１・２兆円の減少だ。したがって、対前期比で見て、売上とほぼ同額だけ営業利益が落ち込んでいることになる。

この結果、製造業の営業利益の対前年同期比は、２０１８年７〜９月期以降、マイナスになっている。19年4～6月期には、対前年同期比がマイナス22・4％という大きな落ち込みになっている。

以上のように、輸出、売上、利益の減少は、時系列的にも、額でも同じであることから、輸出が減少して製造業の売上高を減少させ、それが営業利益を減少させたということができる。日本は、中国と並んで、米中貿易戦争の影響を大きく受けている国だということになる。

第3章 複雑化した政策対応

1 2019年夏に米中貿易戦争が激化

単なるアメリカ産業復活策ではない

制裁関税政策は、当初は、トランプ大統領によるアメリカ産業復活策であると考えられていた。鉄鋼業などの伝統的な製造業がアメリカで衰退し、「ラストベルト（錆びた地帯）」と呼ばれる地域で失業者が増えている。高率関税を掛けることによって輸入を抑え、鉄鋼業などの産業を復活させ、政治的な支持を得るのが目的であると考えられたのだ。

これは、「アメリカ第一主義」だとして批判された。また、高関税を掛けたところでアメリカに鉄鋼業などの伝統的な製造業が復活するはずはないのだから、経済メカニズムを無視した愚かな政策であるという意見が多かった。私自身もそのように考えていた。

しかし事態が進展するにつれて、それほど簡単なことではないと考えるようになった。これは、中国の経済力が発展し、アメリカ経済がそれに支配されてしまうことに対するアメリカの焦燥感の表れなのだ。そうであれば、アメリカで伝統的産業が復活しなくても、継続されるだろう。

このことは、第4章で述べる「米中ハイテク戦争」において、より明確になる。ファーウェイ（華為技術）などの中国ハイテク企業に対する制裁措置がとられている。制裁を科したところでアメリカ国内に通信機器製造が復活することはないのだが、ファーウェイ製品によってアメリカの安全保障が侵されることに対する危惧がこうした制裁措置につながっている。アメリカは、ハイテク産業が中国で成長することによって未来の世界経済の覇権をとることを阻止したいのだ。

こうした理解が正しいとすると、米中経済戦争は、簡単に解決するものではない。

自国が被害を受けても中国を叩く

2019年夏までの状況をまとめると、つぎのとおりだった（図表2－2参照）。

2018年に始まった米中貿易戦争によって、2019年5月初めまでの段階で、中国からの輸入500億ドルに25％、2000億ドルに10％の追加関税が課されていた。

トランプ大統領は、２０１９年の５月10日に、第３弾で行った２０００億ドルに対する制裁関税を、10％から25％に引き上げた。これを受けて、世界の株式市場で株価が急落した。つぎが第４弾だ。６月末の米中首脳会談で発動はいったん見送られたものの、中国側に譲歩の姿勢が見えないとして、トランプ大統領は強硬策に打って出た。８月１日に、トランプ大統領は、アメリカが輸入する中国製品のうち約３０００億ドル（約32兆円）に対して、２０１９年９月１日から10％の関税を上乗せすると、ツイッターで明らかにしたのだ。中国は、これに対する報復措置として、アメリカからの農産品の購入を一時停止した。

この引き上げがなされると、中国からの輸入のうち、２５００億ドルに25％、３０００億ドルに10％の追加関税がかかることになる。なお、トランプ大統領は、３０００億ドル分について、「段階的に引き上げる可能性がある。25％以上もありうる」と述べた。こうして、米中貿易戦争がエスカレートした。この影響で、世界の金融市場に動揺が広がった。

第４弾で重要な点は、制裁関税の対象として、アメリカが消費財に踏み込んだことだ。スマートフォンやＰＣ（パソコン）、衣料品、玩具など、消費者への影響に配慮してこれまで避けてきた品目が中心だ。

これらは中国からの輸入依存度が高いので、高関税が実施されれば、消費財が値上がりし、企業業績も下押しされることが懸念された。アメリカ経済が被害を受ける危険が予想されるにもかかわらず、中国を叩く必要があるという強い意志を、アメリカは示したことになる。

米中両国の経済に悪影響

国際通貨基金（ＩＭＦ）は、２０１９年4月に発表した「世界経済見通し」において、米中両国がすべての輸入に対する関税率を25％に引き上げた場合、実質ＧＤＰ成長率がどの程度低下するかを、いくつかのモデルを用いて推計した（*World Economic Outlook*, April 2019）。

その結論は、つぎのとおりだ。

（1）米中貿易は、短期的には25～30％。長期的には30～70％ほど落ち込む。

（2）これによって、実質経済成長率（年率）は、中国は０・５～１・５％ポイント、アメリカは０・３～０・６％ポイントほど落ち込む。

このように両国とも痛手を負うのだが、中国の方が影響が大きい。これは、輸出依存度が高いからだ。中国に生産拠点を持つ日本企業への影響も避けられない。タイやベトナムなどへの生産拠点移動などの動きが進む可能性もある。

2　金融市場の動揺

リスクオフ志向が強まった

2019年8月5日の株式市場で、ダウ工業株30種平均は大幅に続落し、前週末比767ドル（2・9％）安の2万5717ドルと、6月5日以来2カ月ぶりの安値になった。ダウ平均の下げ幅は、2018年12月4日以来ほぼ8カ月ぶりの大きさだった。

6日午前の中国市場で、株価が大幅続落した。代表的株価指数である上海総合指数は一時3％超下落した。

6日の東京株式市場で日経平均株価は3日続落し、一時は前日比600円超下げた。終値は、前日比134円98銭（0・65％）安の2万585円31銭となった。これは、7カ月ぶりの安値だった。

長期金利（新発10年債利回り）は、6日にマイナス0・215％と2016年7月以来の低水準になった。マイナス0・2％は、日本銀行の長短金利操作で誘導目標の下限として市場で意識されている水準だ。

原油価格も値下がりした。株安、金利下落（債券価格上昇）、円高、人民元安、原油価格下落は、投資家の「リスクオフ（危険回避）」と呼ばれる行動によって引き起こされるものだ。

これは、外見上は、2016年半ばに起こったこととよく似ていた。ただし、リスクオフが高まる原因が異なっていた。2016年には、アメリカが量的緩和政策から脱却して金融正常化を開始し、そのため、リスク資金の供給が減少して、投機の時代が終焉したということが原因であった。

それに対して2019年の夏の場合は、貿易戦争の帰結が見えないという不確実性の高まりだった。これによって将来の見通しが立ちにくくなったので、投資のリスクが大きくなった。このため、安全と考えられる資産に投資が向かったのだ。

元安が進んだ

2019年8月5日の中国・上海外国為替市場の人民元相場は、対ドルで続落し、1ドル＝7・0352元となった。1ドル＝7元を超える元安は、2008年5月以来11年ぶりだった。これを受けて、中国人民銀行は5日朝、人民元の対ドル相場の基準値を2018年12月以来の低水準となる1ドル＝6・9225元に設定した。一定の元安を容認したことになる。

これによって、追加関税の効果を打ち消し、輸出を下支えしようとする意図があったのだろう。では、どの程度の元安になれば、関税引き上げの効果を打ち消せるのだろうか？

中国からアメリカへの財輸出は、2017年において約5000億ドル、2018年に約5400億ドルである。ところで、前述のように、2019年5月初めまでの段階で、このうち500億ドルに25%、2000億ドルに10%の追加関税が課されていた。これによって輸入額は、(500×25%+2000×10%)/5000=6・5%ほど値上がりしたことになる。

他方で元ドルレートの推移を見ると、2018年1月には1ドル=6・3元程度であったものが、貿易戦争勃発の影響で、11月には6・9元程度にまで元安になった。そして、2019年2月には、6・7元程度になった。5月下旬には、2000億ドル分についての追加関税率が10%から25%に引き上げられたことに伴い、6・9元まで元安になった。

このように、貿易戦争の進展に伴って、元安が進んだのだ。6・3元から6・9元までは9・7%程度の元安だから、これによって、関税率引き上げの効果(前述の計算では6・5%)は、打ち消されたと考えることができる。

第4弾の対象は前記のように3000億ドルだが、これは、2018年の中国からアメリカへの輸出の約55%になる。したがって、これに10%の追加関税がかかれば、輸出総額は5・5%増加することになる。

元の対ドルレートが5・5%下落すれば、その効果は打ち消される。これは、1ドル=6・9元であるものが、1ドル=7・3元になることによって実現される。したがって、ここが、元レートの1つの目安になるという見方があった。

中国通貨当局の元安容認を受けて、アメリカ財務省は2019年8月5日、中国を「為替操作国」に指定した。これは、1994年以来、25年ぶりのことだ（2020年1月13日に解除）。

ただし、中国は手放しで元安を進めるわけにはいかないことに注意が必要だ。なぜなら、元安に歯止めがかからなければ、資産を中国国内から海外に持ち出す大規模な資本流出が加速し、中国の金融市場が不安定化するからだ。

以上のような国際金融市場の動きは、日本にも影響を与えた。8月6日の東京市場では、円相場が一時、1ドル＝105円台半ばまで上昇した。これは、世界経済のリスクが増すと、安全な資産と見なされている円に資金が流れるためだと考えられる。

対応に苦慮した各国政策当局

2019年8月23日には、中国の報復関税に対してトランプ大統領が追加関税を発表した。これによって、米中貿易戦争が拡大し、世界経済の混迷が深まった。株価は大きく下落、為替市場では円高が進んだ。こうした展開への対応で、各国の政策当局は難しい立場に置かれた。

まず中国。前述のように、それまでの追加関税は、元安によってかなりの程度打ち消されてきた。さらに元安が進行すれば、追加分も打ち消されるが、そうなると、中国からの資本逃避が増加する危険がある。元レートをいかなる水準にすべきかについて、中国政策当局は難しい選択を迫られた。

つぎにアメリカFRB（Federal Reserve Board、連邦準備制度理事会）。トランプ大統領は、FRBに強い緩和圧力をかけた。しかし、利下げしても、状況を改善できるわけではない。ジェローム・パウエル議長は「政策対応の見本になる先例がない」と言った。

貿易交渉の第1段階合意

2019年12月に米中間で、貿易交渉の第1段階合意がなされた。

この内容はつぎのようなものだ（図表2－1）。

（1）　12月15日に予定していた中国製品1600億ドル相当に対する新たな関税（第4弾B）の発動を見送る。

（2）　中国製品1200億ドル相当に課している15％の追加関税（第4弾A）を半減する。

（3）　ただし、約2500億ドル相当に課している25％の追加関税は維持する。

これによって、米中間の貿易不均衡が解消され、両国の関係は改善に向かうとの見方がある。

あるいは、2020年11月のアメリカ大統領選に向けて景気を引き上げる必要から、トランプ大統領が対立をさらに緩和する動きに出るだろうとの見方もある。

しかし、そうはならない可能性が強い。理由は2つある。

第1は、第一段階合意の主たる内容は、「12月に発動するとしていた第4弾のBを行わない」というものに過ぎないからだ。これは、スマートフォンや玩具などが中心であり、これに関税を掛けるとアメリカ国内の物価上昇をもたらす可能性があるため、もともと発動は難しいと考えられていた。

約2500億ドルに課している25％の高関税はそのままであることに注意が必要だ。これは、アメリカの中国からの輸入額（2018年で5390億ドル）の約半分にもなる。

第2の理由はより根源的なものだ。それは、米中経済戦争は、トランプ大統領の個人的判断によるものではなく、アメリカの支配層や政府全体の広範な合意を背景としていることである。実際、米中経済摩擦は、関税以外でも生じている。第4章では、関税以外でどのような措置がとられてきたかを見よう。

第4章 米中ハイテク戦争

1 中国ハイテク企業に対する制裁措置の始まり

国防権限法でファーウェイ排除

2018年4月、アメリカ商務省は、中国のZTE（中興通訊：通信設備と通信端末の開発・生産を事業とする企業）がイランに違法に輸出していたとして、米企業との取引を7年間禁じる制裁を科した。これによって、ZTEは経営危機に陥り、倒産寸前に追い込まれた。

このときは、習近平国家主席がトランプ大統領に直訴して、制裁が解除された。しかし、中国ハイテク企業に対するアメリカの締上げは、以下に見るように、その後も続いた。

2018年8月に国防権限法が成立した。同法は、中国が「軍の近代化や強引な投資を通じて、国際秩序を覆そうとしている」と指摘した。そして、アメリカの国防費を過去9年間で最大とすること、中国のリムパック（環太平洋合同軍事演習）への参加禁止、台湾への武器供与の推進などを盛り込んだ。

さらに、中国の大手通信機器メーカーであるファーウェイと、ZTE、および監視カメラ大手のハイクビジョン（杭州海康威視数字技術）、ダーファ・テクノロジー（浙江大華技術）、ハイテラ（海能達通信）の5社から政府機関が製品を調達するのを、2019年8月から禁じることとした。この法案は、議会超党派の圧倒的多数で可決された。政府によるZTEの制裁緩和に不満で行われたとの見方もある。

これからもわかるように、対中脅威問題はトランプ大統領の個人的な経済的関心の域を超えて、米支配層の共通認識となっているのだ。

トランプ大統領は、この規制を2019年8月13日に発効させた。2020年8月以降は、5社の製品を使う外国政府や企業・団体もアメリカ政府と取引できなくなるとされている。

ファーウェイCFOの逮捕

2018年12月には、カナダの捜査当局が、アメリカ政府の要請を受けて、ファーウェイの孟晩舟・副会長兼最高財務責任者（CFO）を逮捕した。経済制裁を科しているイランに対して、違法に製品を輸出した疑いがあるためとされている。孟はファーウェイの取締役会副会長で、創業者任正非の娘だ。

ファーウェイの売上規模はZTEの約5倍であり、CFO逮捕が中国に与えるダメージは極めて大きい。

孟が逮捕された12月1日は、米中首脳会談の当日であった。この逮捕劇がアメリカの中国に対する圧力であることは明らかだ。米司法省は2019年1月28日、ファーウェイと孟を起訴した。

2 2019年5月以降、ファーウェイ叩きが加速

ファーウェイをエンティティー・リストに追加

第2章で述べたように、2018年に米中貿易戦争が始まったが、主として高率関税の掛け合いだった。ところが、2019年の5月から、様相が一変してきた。

まず、トランプ大統領は5月15日、アメリカ企業が非アメリカ企業の通信機器を使用することを禁止する大統領令に署名した。

アメリカ商務省は、ファーウェイが制裁対象のイランとの金融取引にかかわったとして、2019年5月に、輸出管理法に基づき、安保上懸念がある企業を列挙した産業安全保障局（B

ＩＳ：Bureau of Industry and Security）の「エンティティー・リスト（ＥＬ）」に追加した。

このリストはいわばブラックリストであり、ここに加えられるのは、アメリカの安全保障・外交政策上の利益に反する活動に関与していると見なされた組織だ。企業が製品や技術を同社に輸出する場合は商務省の許可が必要になり、原則却下される。違反した場合は罰金や米企業との取引禁止などの罰則が科される。これは、米民間企業とファーウェイとの取引を事実上禁じる規制だ。

ファーウェイの締め出し

これにより、ファーウェイは、インテル、クアルコムなどが生産する半導体や、グーグル、マイクロソフト、オラクルなどが提供するソフトウェアを使えなくなる。日本企業を含む外国企業も、米企業の技術を25％以上使った部品をファーウェイに売ることはできなくなる。また、ファーウェイと共同研究している企業や大学などは、米企業と取引できなくなる。

要するに、グローバルなネットワークからファーウェイを締め出そうというわけだ。ファーウェイの叩き潰しに掛かったと言ってよい。

後で述べるように、ファーウェイは、５Ｇ（第5世代移動通信システム）関連の技術で世界をリードする存在になっている。ところが、５Ｇの通信インフラを中国メーカーが握れば、機器を通じて機密情報が漏洩する恐れが生じる。このため、5Gは米中摩擦の焦点になっているのだ。

アメリカ政府は、中国企業を通じてアメリカの軍・政府、企業の情報が中国に漏洩するリスクを懸念して、中国メーカーの排除に乗り出した。そして、同調するよう各国に働きかけを強めている。

この動きにオーストラリアやニュージーランドも同調。イギリスの大手通信事業者であるBTも、ファーウェイ製品を基幹ネットワークに採用しない方針を表明した。

ファーウェイ叩きの根底にあるもの

ファーウェイを叩き潰したところで、通信機の生産がアメリカ国内に戻り、雇用が増えるといったことは生じない。アメリカ国内には、通信機器を作るためのサプライチェーンもないし、技術者（とくに、現場の中級技術者）もいないからだ。

では、アメリカはなぜファーウェイを潰そうとするのか？　その根底にあるのはつぎのような認識だろう。

「経済活動の基本を握る企業が中国で成長するのを認めれば、未来世界のヘゲモニーは中国に奪われる。しかしそれを許すことはできない。だから、いまのうちに叩き潰しておかなければばならない」

国家安全保障上の問題が理由にされているのだが、先端的な企業が成長することそのものに対する焦燥感が強いのではないだろうか。

ファーウェイ叩きの理由としては、中国における5Gの発展を遅らせること、「中国製造2025」戦略を頓挫させること、などが指摘される。確かに、これらは重要だ。しかし、根本的な理由はそれだけではなく、もっと広範なものだ。だから、これは高率関税とは別の動きだ。

前述のように高率関税の掛け合いで仮に対象が全貿易額に拡大されれば、アメリカ国内での物価上昇を招くことになる。こうしたことに対して、アメリカの企業や消費者の団体は、反対を表明していた。

しかしファーウェイ叩きは、これとは性質がまったく違う。トランプ大統領一人の気まぐれの結果ではなく、アメリカの総意を表していると考えることができるだろう。

中国はレアアースの輸出禁止で対抗

中国は、これに対して対抗措置を講じた。

第1は、「信頼できない外国企業リスト」の作成だ。「信頼できない外国企業リスト」に入れられて中国との取引を禁じられると、当該企業には大きな問題だ。インテルは、営業収益のおよそ4割を中国で得ているし、クアルコムは収益の6割を中国に依存している。中国がアップル禁輸を行えば、アップルの収益に甚大な影響が及ぶ。アップルの最終組み立て工場が中国にあることも問題だ。

第2は「レアアースの輸出制限」である。レアアース（希土）とは、光学材料や電子材料、強力磁石などに不可欠な原料だ。中国の生産シェアが非常に高いため、中国が禁輸措置をとれば、大きな影響がある。

3 ファーウェイは生き延びられるか？

ファーウェイとはどんな会社か

ここで、ファーウェイがいかなる会社であるかを見ておこう。

同社は、1987年に、通信機器を開発するベンダーとして、元中国人民解放軍所属の軍事技術関係者が集って設立された。従来から人民解放軍とのつながりが指摘されてきた。

2012年に売上高でエリクソンを超え、世界最大の通信機器ベンダーとなった。なお、上場はしていない。

最近では、スマートフォンや次世代通信規格5G関連の機器で躍進が目覚ましい。基地局べンダーの売上高シェア（２０１８年）で、ファーウェイは、スウェーデンのエリクソンについで世界第２位になった。全世界市場規模２１３億ドルのうち、エリクソンが29・０％、ファーウェイが26・０％、ノキアが23・４％のシェアを占めている。

アメリカの調査会社ＩＤＣによると、２０１８年における全世界のスマートフォン出荷台数シェアは、第１位はサムスンの20・８％、第２位がアップルの14・９％、そして第３位が中国のファーウェイの14・７％だった。２０１８年第２四半期（４月から６月）には、ファーウェイが四半期ベースでアップルを抜いて世界第２位になった。

５Ｇは、現行サービスと比べて実効速度は１００倍で、スマートフォンの性能を向上させ、さらに、自動車の自動運転、ＩｏＴ、遠隔医療などに用いられて、社会の基本インフラになると期待されている。だから、中国企業であるファーウェイがこの分野で世界をリードする存在になっていることの意味は大きい。このために、ファーウェイは、米中経済戦争の焦点の１つになっているのだ。

独自プラットフォームを立ち上げ

アメリカがファーウェイに科した禁輸措置によって、ファーウェイはグーグルから基本ソフト「アンドロイド」の提供を受けられなくなった。ファーウェイは「新製品では、ＧＭＳ

（グーグルの主要アプリ：Google Mobile Service）は使えない」とした。ただし、「自社開発したアプリストアで、動画などを利用できる」「アンドロイドの利用は続ける」とした。

ファーウェイは、独自のアプリ開発プラットフォーム「ＨＭＳ（Huawei Mobile Service）」を立ち上げ、グーグルに依存せずにアプリを配信できる体制を強化している。ただし、ファーウェイにとって最も重要なプラットフォームが「Android OS」と「ＧＭＳ」であることは変わらない。ＨＭＳは、アメリカからの制限が今後も解除されず、ＧＭＳが一切使えなくなったときの備えと考えられているようだ。

なお、ファーウェイの端末事業が減速しているわけではない。２０１９年１〜３月期のスマートフォン世界市場において、ファーウェイはアップルを抜いて２四半期ぶり世界シェア２位に浮上したが、４〜６月には伸び悩み、しかし、12月期通期では好調、等と伝えられている。制裁の影響がどうなるかは、まだ不透明ということだろう。

4　5Gや衛星でのハイテク戦争

5G分野における中国の成長

アメリカが中国に対して危機感を持つのは、理由がないわけではない。以下に見るように、さまざまな面で、高度な技術に基づいて中国が世界を制覇しようとしているからだ。

第1は、5Gでの中国の影響力増大だ。中国は、光ファイバー網を国内外に広げている。とくに、「一帯一路」に沿った地域に光ファイバー網を大規模に展開している。そして、光ファイバーに接続できる通信機器を、ファーウェイをはじめとする中国メーカー製だけに制限する。

こうして、中国メーカーの通信機器市場における支配力を強め、次世代のインターネットサービス（物流、遠隔医療、教育、VRなど）を、中国企業が支配する。こうなれば、中国はこれらの市場からアメリカ企業を締め出せるだろう。

衛星測位の「北斗」や「一帯一路」

第2は、中国版の衛星測位システム「北斗」だ。2018年にサービスを開始したのだが、18年に18基を発射し、19年6月末の衛星の稼働数が35基となって、GPSの31基を抜いた。これに対して、EUの衛星は22基、ロシアは24基。インドは6基、日本は4基にとどまる。これによって、関連ビジネスを中国企業が独占することになる。

測位衛星はミサイル誘導や軍隊の展開把握に利用されるため、中国に主導権を奪われることへのアメリカの危機感は強い。

第3は、「一帯一路」政策の推進だ。これは、ユーラシア大陸の国々を陸路と海路とで結ぶ巨大経済圏構想だ。

中・東欧16カ国は、「16＋1」と呼ばれる枠組みの下で、すでに中国との「一帯一路」構想の覚書に調印している。東欧諸国における中国の影響力の増大は、中国によるギリシャ・ピレウス港の管理権の獲得や、セルビアからハンガリーへの鉄道近代化事業などに現れている。2019年の3月に、イタリアは、G7参加国で初めてとなる「一帯一路」への参加を決めた。

これらは、「中国マネー」を頼みにするものだ。

また、中国は、アフリカへの影響力も強めている。

中国はグリーンランドにまで手を伸ばす

中国は、北極圏でも影響力を拡大しつつある。

デンマークの自治領グリーンランドで、3つの新空港建設プロジェクトがあったのだが、デンマーク政府は負担に消極的だった。ところが、中国の国有建設企業である「中国交通建設」が受注。中国は、レアアース鉱山などへの投資で次第に島へ直接進出するようになった。投資額は島のGDPの1割を超した。

これに危機感を持ったアメリカが、「グリーンランドをデンマークから買収する」というニュースが報道されたほどだ。

1980年代には、アメリカ経済は不調だった。だから、危機感を抱いても不思議はない。しかし、いまのアメリカ経済は、空前とも言える成長を享受している。それにもかかわらず危機感を抱くのは、中国の躍進が極めて重大なものと捉えられていることを示している。

日本国内にいると、こうした大きな変化が生じていることをなかなか実感できない。そのため、貿易戦争を「馬鹿げたこと」「米中間の冷静な対話で、早く収束すべきもの」と考えがちだ。しかし、これは、歴史が大きな転換点に差し掛かっていることの表れなのだ。

第5章 リブラ vs. デジタル人民元

1 リブラ・ショック

直ちに形成されたリブラ包囲網

アメリカのＳＮＳ提供企業であるフェイスブックが、２０１９年6月に、仮想通貨（暗号資産）「リブラ（Libra）」の計画を発表した。

フェイスブックの利用者は全世界で24億人とか27億人と言われている。仮にこれらの人々がすべてリブラを使えば、現存するあらゆる通貨圏より大きなものが誕生する。

それは、中央銀行を中心とする現在の通貨体制に大きな影響を与えると考えられた。とりわけ、既存の金融機関や中央銀行の金融政策への影響など、さまざまな問題を引き起こす可能性があると受け止められた。

そこで、アメリカの既成勢力からは、規制が必要だとの大合唱が起きた。

リブラの発表直後に、FRBのジェローム・パウエル議長は、上院委員会で、「リスクを慎重に審査する必要があり、それが1年以内に完了するとは思わない」と述べた。

アメリカの上下両院は、2019年7月16日、17日にリブラに関する公聴会を開いた。ここでは、個人のプライバシーを繰り返し侵害したフェイスブックへの批判が挙がった。「不祥事を起こしたフェイスブックは信用できない」「新しいビジネスを始める前に居住まいを正すべきだ」など、フェイスブックの資質を問う声が相次いだ。

国際機関も批判した。国際決済銀行(BIS:Bank for International Settlements)は、6月、年次経済報告書の「金融におけるIT大手に関する章」を公表した。そこで、リブラが、規制当局や中央銀行の注目を集めていると指摘し、協調して規制上の対応をとる必要があるとした。

国際通貨基金(IMF)は、7月、「デジタルマネーの台頭」と題したレポートを公表した。リブラのようなデジタルマネーが一気に普及する可能性があるとする半面で、個人のプライバシーや金融の安定性で問題があるとし、国際的な規制が必要だとした。

さらに、物価上昇が激しい国では現地通貨がリブラに置き換えられ、中央銀行が金融政策の制御を失う可能性があると警告した。同時に、「いくつかの銀行が間違いなく取り残される。

他の銀行も急速に進化しなければいけない」とした。

歴史に残る愚かな対応

この動きは、国際的な会議に広がった。2019年7月17日に開かれた主要7カ国（G7）財務相・中央銀行総裁会議は、リブラに対して早急な規制の対応をとる必要があるとの認識で一致した。

10月18日、G7財務相・中央銀行総裁会議が報告書を公表した。リブラは各国の金融政策や通貨システムの安定を揺るがすリスクになる可能性があると指摘し、懸念を示した。続いて、G20（20カ国・地域）財務相・中央銀行総裁会議で、「リブラには深刻なリスクがある」との合意文書をまとめた。

こうしてリブラは、世界中の中央銀行と規制当局、そして国際機関によって封じ込められた。これを受けて、フェイスブックは、規制当局の承認を受けるまでリブラは提供しないとした。

議会や中央銀行がリブラの取り潰しに躍起になったのは、リブラが、潜在的には国家による管理体制に対する本格的な挑戦であるからだ。そして、既得権益を侵すからである。

このため、リブラの発行を2020年前半とする当初の計画は頓挫した。

既成勢力が総力を挙げてリブラ潰しにとりかかったのは、既得権益を守るための当然の行動である。しかし、これは誠に愚かな決定であると考えざるをえない。アメリカはリブラを対中経済戦争の強力な武器に使うことができる。それだけでなく、未来社会を中国型管理社会にしないための重要な手段となしうる。

2 デジタル人民元ショック

中国の危機感には理由がある

リブラ計画の発表で中国は危機感を強めた。なぜなら、リブラが実現すると、中国からの資本流出の手段に使われる危険があるからだ。

中国ではインターネットに検閲をしているのだが、リブラへのアクセスを遮断できるのかどうか、わからない。ビットコインについては、銀行のビットコイン取引を禁止したり、中国国内の取引所を禁止したりしたが、インターネットを通じたビットコインの取引そのものを禁止したわけではなかった。仮にリブラへのアクセスを制限できたとしても、資本流出を完全に防止するのは難しいだろう。

中国からの資本流出が生じると、中国経済は深刻な危機に陥る可能性が高い。

アメリカの愚かな決定によって、中国はこの危機を免れたことになる。

アメリカが中国の発展を阻害したいのであれば、リブラの発展を助けることによって、極めて強力な手段を得ることになる。だから、本当は、アメリカは中国に対抗するための手段として、リブラを育成するべきだった。

ファーウェイを取り潰そうとするよりは、遥かに効果的だ。世界経済に対する悪影響もずっと少ない。それによって、アメリカは、世界経済の覇権を確かなものにすることができるはずだ。

本章の1で述べたような状況推移を見て一番喜んだのは、中国の習近平主席だったろう。

デジタル人民元の開発を加速化

中国は、それまでも中央銀行仮想通貨の開発計画を進めていた。

中国人民銀行は、「網聯（ワンリェン）」というシステムを、2018年6月から運用開始した。これは、デジタル人民元導入のための準備ではないかと考えられる。

そして、リブラ・ショック以降、開発を加速化させた。

2019年10月には「暗号法」を制定した。これは、デジタル人民元で用いられる暗号を国家が管理するための基礎を作るのが目的ではないかと考えられる。

そして、2020年には実証実験を行うだろうとの報道が、2019年夏頃からなされている。２０１９年11月末に、中国人民銀行の範一飛副総裁は、「中国人民銀行発行の仮想通貨（デジタル人民元）の、設計、標準策定、機能研究は終えた。つぎは試験地区の選定だ」と述べた。10月末には、黄奇帆・元重慶市長は、「人民銀行は世界で初めてデジタル通貨を発行する中央銀行になるだろう」と語った。

ホールセール型か、リテイル型か

国際決済銀行は、中央銀行が発行する仮想通貨の問題を、２０１７年8月に発表した四半期報告で取り上げた。同報告は、中央銀行が発行する仮想通貨をＣＢＣＣ（Central Bank Cryptocurrencies、中央銀行暗号通貨）と呼んでいる（本書ではＣＢＤＣ［Central Bank Digital Currencies、中央デジタル通貨］と呼ぶ）。

そして、「ホールセールＣＢＣＣ」と「リテイルＣＢＣＣ」とを区別している。

この区別を理解するには、現在の送金の仕組みを理解する必要がある。日本の場合について説明すると、つぎのとおりだ。

送金の処理は、全銀システムと日銀ネットという2層でなされる。

第1は、全銀システムによる処理だ。ここで、銀行間に送金の情報が伝えられる。しかし、それだけでは、銀行間の債務・債権が残ってしまう。この操作は、日銀が運営する「日本銀行金融ネットワークシステム（日銀ネット）」と呼ばれる仕組みで行われる。銀行が日銀に持つ当座預金を振り替えるのだ。

「ホールセール型」は、これらのうち、日銀ネットが行っている決済を、ブロックチェーンを用いる分散台帳方式に切り替えるものだ。

あるいは、つぎのように言ってもよい。日銀の債務としては、日銀券と民間銀行が日銀に持つ当座預金がある。これらのうち、当座預金を仮想通貨にするものが「ホールセール型」だ。それに対して、日銀券の一部あるいはすべてを合わせて仮想通貨にするのが「リテイル型」だ。

いくつかの中央銀行は、ホールセールCBDCの技術的可能性をすでに実証している。カナダ中央銀行によるProject Jasperや、シンガポール金融管理局（MAS）によるProject Ubinがある。日本銀行と欧州中央銀行は、中央銀行が運営する決済システムに分散型台帳技術（DLT：Distributed Ledger Techonology、ブロックチェーン）を応用する共同調査プロジェクト「プロジェクト・ステラ」を実施しており、その結果を報告書として公表している。

国民のプライバシーを奪うデジタル人民元

現時点では、デジタル人民元の仕様がどうなるかはまだ明らかにされていない。

ホールセール型の場合は、個人や企業はアリペイやウィーチャットペイを使う。そしてこれらの間の資金決済を人民銀行のネットワークが行うという形になるだろう。

「リテイル型」の場合は、個人や企業もデジタル人民元を使う。ただし、企業や個人が直接に人民銀行からデジタル人民元を購入するのでなく、「まず最初に、人民銀行が金融機関の当座預金をデジタル人民元に替え、つぎに、金融機関が企業や個人の預金をデジタル人民元に交換する」という2段階の仕組みになる可能性もある。

「リテイル型」と「ホールセール型」で大きく違うのは、秘密鍵やパスワードの扱いだ。

しかし、仮にリテイル型になって、国民のすべてが秘密鍵やパスワードを持つのであれば、中国政府は、国民の管理のために極めて強力な武器を得たことになる。国民のプライバシーは完全に失われるだろう。

なお、原理的には、中央銀行が発行する仮想通貨には、匿名性のあるものと、ないものが考えられる。原理的には、本人確認を行わない匿名性の通貨も考えられる。匿名性のあるCBDCとは奇妙なものと思われるかもしれないが、現在の中央銀行券は匿名通貨であるから、それと同じものを出すだけのことだ。この場合には、国民のプライバシーは守られる。

しかし、マネーロンダリング等の不正使用を防止することを重視すれば、厳密な本人確認が行われる。その場合には、CBDCを用いる取引は、細大漏らさず中央銀行に把握される。

中央銀行が仮想通貨を発行すれば、ほとんどすべての送金・決済はこれを用いて行われることになるので、事実上すべての取引を中央銀行に把握される。つまり、少なくとも経済活動に関する限り、国民のプライバシーはなくなるわけだ。

デジタル人民元については、匿名性のないものとなることがほぼ確実だ。アリペイやウィーチャットペイは匿名性のない通貨であり、前述のように、それと連動する形のものになるだろうからだ。そしてアリペイやウィーチャットペイでは、すでに取引のデータを信用度スコアリングなどに用いている。だから、デジタル人民元が日本で使われるようになれば、企業や個人の支払いの詳細なデータが中国当局に筒抜けになる。

3 電子マネーでなく仮想通貨であることの意味

仮想通貨は電子マネーとどこが違うのか?

電子マネーであれば、利用者が10億人程度の規模のものは、すでに存在する。中国のアリペイもウィーチャットペイも、利用者数は10億人程度と言われている。巨大プラットフォーム企業がデジタル通貨に乗り出せば、この程度の規模のものは、実現できるのだ。

重要なのは、リブラは仮想通貨であって、電子マネーではないことだ。このため、電子マネーではできないことができる。

電子マネーは、簡単に言えば、銀行預金の引き落としを簡単に行うための仕組みに過ぎない。従来の銀行システムの上に築かれているので、独自の経済圏を作ることはできない。しかも、受け取り手になるには、審査を受けて承認を得る必要がある。また、受け取った電子マネーを支払いに用いることはできない。

それに対して、仮想通貨は、ブロックチェーンという独自の仕組みで運営される。誰でも審査なしに受け取り手になれる。受け取ったマネーを支払いに使える、つまり転々流通する。このため、独自の通貨圏を作ることができるのだ。また、インターネットでの少額送金にも使える。

リブラは、ブロックチェーンで運営される。その信頼性は、フェイスブックなどの組織の信頼性とは別のものだ。

議会公聴会で証言に立ったデビッド・マーカス（フェイスブックのリブラ担当者）は、証言に先立って、「リブラの恩恵を受けるためにフェイスブックを信頼する必要はない」と言った。このことは、まったく正しい。リブラを信頼できるかどうかは、それを運営するブロックチェーンが信頼できるかどうかにかかっているのだ。

人々は、有名企業が参加する「リブラ協会」に注目した。協会はリブラの仕組みを決定はするが、リブラの信頼性は、これらの企業への信頼によるのではない。これが、ブロックチェーンで運営される仮想通貨が、電子マネーや伝統的な通貨と根本的に異なる点である。

価格安定化は容易ではない

仮想通貨であるビットコインは、既存の金融システムとは独立の通貨圏を形成することを期待された。しかし、投機によって価格が高騰したため、決済・送金用には使えなくなってしまった。

それに対して、リブラは、ドルなどに対して価値を安定化させるとしている。これは、「ステイブルコイン」と言われるものだ。

さまざまな試みがなされてきたが、満足できるものはこれまで存在しない。これに成功すれば、投機の対象となって手数料が高騰するようなことはないだろう。また、受け取り側としても、価値の下落を怖れる必要がない。

リブラは、ビットコインが行おうとして実現できなかったことを実現できる可能性を秘めている。このため、リブラは金融システムに革命的な変化をもたらす可能性がある。

もっとも、価値安定化は容易なことではない。ドル資産などの裏付け資産を準備するとしているが、そうした資産があるだけでは安定しない。例えば、投機で価格が暴騰しうる。価格安定化のためには売買を行って発行量を調整する必要があるが、どのように行うのかは、はっきりしない。

中国外で用いられる可能性

デジタル人民元が大きな波紋を起こしたのは、それが外国でも用いられる可能性が高いからだ。これも、アリペイなどの電子マネーと大きく異なる点だ。

すでに述べたように、電子マネーは銀行システムの上に乗っているので、国境を越えた利用は難しい。中国の電子マネーであるアリペイやウィーチャットペイは東南アジアに進出しているが、それは当該国の銀行システムを用いて行われている。

それに対して、仮想通貨は銀行システムと独立に発行されるので、ビットコインに見られるように、国籍はそもそも存在しない。原理的には、世界のどこでも使える。

デジタル人民元は、国外での利用を制限するとは考えられない。むしろ、中国当局は、中国以外の国での利用を積極的に進める可能性が高い。すると、その影響は中国国内にとどまらず、広く全世界に及ぶ。

東南アジアの諸国にはすでに中国の電子マネーであるアリペイやウィーチャットペイが進出しているので、デジタル人民元は容易に普及すると考えられる。

つぎは、「一帯一路」の地域だ。中国はここに積極的な投資を行っているから、それとの見返りで、利用を推奨する可能性が高い。こうなると、ユーラシア大陸のかなりの地域において、人民元が事実上の共通通貨となる可能性がある。

各国政府がデジタル人民元の使用を制限しようとしても、インターネットを遮断しない限りできない。デジタル人民元の使用を禁止するのは、事実上不可能だ。

日本で使われる可能性もある

日本も、デジタル人民元の影響を免れえない。

まず、来日中国人旅行客の便宜のために、デジタル人民元を受け入れる店舗が増えるだろう。電子マネーであるアリペイは、すでに多くの日本店舗が受け入れている。利用可能店舗は、すでに数十万と言われる。ローソンは、2017年1月から、全国のコンビニエンスストアなど約1万3000店で、アリペイを導入している。アリペイのアプリをダウンロードしたスマートフォンを使えば、日本円での買い物が自動的に人民元に換算されて決済できる。ローソンは数億円を投じてレジのシステムを改修したと言われる。

ただし、受け取った電子マネーは、口座に振り込まれるだけで、それを経由せずに他の支払いに使うことはできない。

それに対して、デジタル人民元は、人民元の預金残高がなくとも使えるようになるはずだ。

そうなれば、日本人でも、支払いに使いたいと思う人が出てくるだろう。

いま日本でやっと導入が始まったＱＲコード決済の電子マネーより、ずっと便利だ。店舗側としても、利用コストなどの点で、デジタル人民元での支払いを歓迎するだろう。

こうなっても、民間経済主体間の送金や決済について、デジタル人民元での使用を禁止することはできないと考えられる。したがって、日本でデジタル人民元が使われるようになる事態は、ありうる。

ただし、人民元が円に対して安くなれば価値が減るという、為替レートの問題はある。また、多くの日本人にとって、人民元を用いることに心理的な抵抗感があるのも事実だろう。こうしたことから、日常の国内取引では、それほど広く使われないこともありうる。

海外への送金には圧倒的に便利

ただし、海外送金では、デジタル人民元が広く使われる可能性がある。

これについて、現在の仕組みがどうなっているかを見よう。

国際的な送金においても国内送金と似た処理がなされる。ただし、国際送金の場合には中央銀行に相当するものが存在しないため、手続きは厄介なものとなる。

銀行と銀行の情報の伝達は、ＳＷＩＦＴ（国際銀行間通信協会）という機関によってなされる。また、規模の小さな銀行は、その国内の大きな銀行に頼って、国際送金を処理する。この役割を担う大銀行を「コルレス銀行」と呼ぶ。コルレス銀行は、お互いに契約を結び、お互いの銀行に口座を開設する。

このシステムは、手数料が高いことや、時間がかかることなどの問題がある。

来日外国人労働者が本国に仕送りをする場合、現在のシステムでは非常にコストがかかる。また、例えば、日本の企業がベトナム人の専門家にデータ処理作業をアウトソースすることを考えたとする。ところが、現在の仕組みでは、給与をベトナムに送金するためのコストが高くなりすぎる。このため、海外との分業があまり進まない。今後、日本は外国人労働者の受け入れを増大し、海外との分業を進めなければならないが、そのためには安価な送金手段を持つことが必要だ。日本企業の人手不足は今後さらに深刻化するので、このような形で外国の労働力を使うことが重要な課題だ。

新しい決済手段を利用して国際分業を進めることは、日本企業の効率化を進める上で、大変重要な役割を果たすだろう。

仮想通貨であれば、ほとんどコストなしに送金することができる。海外送金は、仮想通貨が最も得意とする分野だ。

すでに、仮想通貨を用いる新しい国際送金の仕組みが提案され、広がっている。とくに、米リップル社が発行する「リップル」という仮想通貨を用いる国際送金が広がっている。デジタル人民元を用いても、同じことができる。東南アジア諸国であれば、すでに中国の電子マネーが普及しているので、デジタル人民元による支払いは、問題なく受け入れられるだろう。

4　アメリカの腰が引けているのはなぜか？

欧州中銀には危機感

すでに見たように、デジタル人民元は、日本で使われる可能性も否定できない。そうなると、通貨主権を奪われ、取引情報を中国に握られる危険がある。これを防ぐには、自国で使い勝手のよいＣＢＤＣを発行し、これを国民が使うしかない。

こうして、西側諸国の中央銀行も危機感を強めた。そして、デジタル人民元に対抗するための取り組みを始めた。

欧州連合（ＥＵ）は、２０１９年12月5日、欧州中央銀行（ＥＣＢ：European Central Bank）によるデジタル通貨の発行を検討すると発表した。「経済財政理事会」での協議の後、欧州委員会との共同声明の形で発表した。

欧州中央銀行のラガルド総裁は、12月2日、欧州議会でのスピーチで、CBDC導入によって市民が日常の取引で中央銀行のマネーを使えるようになるだろうとした。

フランス中央銀行は、2020年の第1四半期から、ユーロのデジタル通貨の試運転を行うと発表している。デジタルユーロの当面の目的は、中国人民銀行が仮想通貨（デジタル人民元）の開発を加速化させていることへの対応だ。

自国の中央銀行が発行したところで、リテイル型のものとし、かつ非匿名性とすれば、プライバシーの問題は残る。ただし、「中国人民銀行にプライバシーを握られるよりは、自国の中央銀行に握られる方がまだまし」という考えはあるだろう。

2020年1月21日には、CBDCを検討するための組織を、日本銀行、欧州中央銀行、イングランド銀行、スイス国民銀行、スウェーデン中銀のリクスバンク、カナダ銀行と国際決済銀行で作ることが決まった。4月上旬までに論点をまとめ、6月の会合で中間報告を出し、秋に最終報告をまとめると報道されている。

アメリカの不思議な態度

ムニューシン米財務長官は、2019年12月5日、米下院金融サービス委員会の公聴会で、「今後5年間は、CBDCを発行しないだろう」と述べた。

ＦＲＢのパウエル議長も９月に、「デジタル通貨について注目しているが、発行することは積極的に考えていない」と発言している。

アメリカが中国の発展を阻害したいのであれば、独自のＣＢＤＣを作ることによって、極めて強力な手段を得ることになる。

ファーウェイを取り潰そうとするよりは、遙かに効果的だ。世界経済に対する悪影響もずっと少ない。それによって、アメリカは、世界経済の覇権を確かなものにすることができるはずだ。

それにもかかわらずＦＲＢがこのようにＣＢＤＣについて消極的である理由は、はっきりしない。ＦＲＢは、現在運営する決済システムであるＦｅｄｗｉｒｅを改善してＦｅｄＮｏｗと呼ばれるシステムを導入する準備をすでに進めている。これは、ブロックチェーンを用いない従来型のものだ。その方向にすでに踏み出しているので、いまさら方向転換できないということなのかもしれない。

自由と規律のどちらをとるか？

この問題は、「規律によって統制される中国型の社会がよいのか、それとも個人の自由とプライバシーを最大限に尊重する社会がよいのか」という究極の選択に深くかかわっている。

中国の場合にはすでに電子マネーが普及しているので、国内経済面でいま以上の大きな効果があるとは思えない。中国がデジタル人民元の導入に熱心なのは、（資本流出対策と人民元の国際化の他に）送金情報の収集が目的だからだろう。

一方、リブラのホワイトペーパーによれば、リブラは、いずれは「パブリックブロックチェーン（誰もが参加できるブロックチェーン）」で運営され、本人確認を行わない秘密鍵を付与するとされている。

取引情報の把握という点で、デジタル人民元とリブラは両極端にあるのだ。「どちらのシステムを選ぶべきか?」というのが、この問題に関する最も本質的な問いである。

アメリカの基本思想から言えば、当然、リブラ型のものを目指すべきだ。それによって、未来世界のマネーの枠組みを形成することになるのだ。

しかし、これまで見てきた議論は、このような観点をまったく欠いている。

前述したフェイスブックのマーカスは、２０１９年7月16日のアメリカ上院銀行委員会で「強調したいのは、もし私たちが先行しなければ、他の国がやる」と言った。また、「われわれが行動に失敗した場合、価値観が劇的に異なる人々によってデジタル通貨が支配されることになるだろう」とした。これは、中国のことを想定した発言だ。まったくそのとおりだ。

数年経って振り返ったとき、いまの時点での決定がいかに重要な意味を持つものだったかが認識されるだろう。

本稿執筆時点では、この問題が今後どう進展するか、予測が難しい。新型肺炎の影響で中国への導入は遅れるかもしれない。しかし、いずれこれが極めて重要な問題として登場してくることは間違いない。

第6章 アメリカでは危機感拡大、日本は危機感欠如

1 アメリカの危機感

ペンス演説が強めた危機感

マイク・ペンス副大統領は、２０１８年10月４日にワシントンのハドソン研究所で行った対中政策に関する演説で、中国脅威論を鮮明に示した。中国を「アメリカに挑戦する国」と決めつけた上、「大統領とアメリカ人は後ろに引かない」と訴えた。中国批判は、政治、経済から軍事に及び、台湾や尖閣諸島、南シナ海など西太平洋の安全保障問題から、中国の人権弾圧や「監視国家化の恐怖」にまで及んだ。

そして、中国がアメリカの内政に干渉し、大統領を代えようとしているとした。中国は大学、シンクタンク、研究者に豊富な資金を提供し、中国共産党が危険で攻撃的であるとの考え方を

彼らに持たせないよう努めているとした。

こうした動きを見ると、アメリカ政府は中国の行動を深刻に見て、もはや事態を黙認し続けることはできないと判断していることがわかる。かつての1980年代の日本との貿易摩擦とは、根本的に異なる。『ニューヨーク・タイムズ』は、この演説を、「新冷戦への号砲」と評した。

ペンスの演説は、アメリカ人の危機感を大きく高めたようだ。アメリカ在住の私の友人の話によると、小さなホームパーティの席でも「中国脅威論」が真剣に議論されているという。これまでパックスアメリカーナを享受してきたアメリカ人が、「経済、金融、産業、軍事などの分野で、中国の後塵を拝することになるのではないか?」「自分たちの将来を脅かすのは中国ではないか?」と、自信を失いつつあるというのだ。そして、アメリカの将来を真剣に心配しているという。

大統領が関税率を変更できる

米中経済戦争には、常識的に考えると、理解しにくい面がある。最も理解しにくいのは、大統領の決定だけで、全世界の市場が大混乱に陥ってしまうことだ。

もともと、アメリカの政治システムでは分権化が徹底しており、大統領一人に権限が集中しないような仕組みになっているはずだ。税制の決定についても議会が権限を持っており、大統領が勝手に動かすことはできない。

では、関税率の変更を、大統領一人の意向でかくも容易にできるのは、なぜなのか？　それは、「通商法301条」があるからだ。

これは貿易相手の不公正取引に対抗する制裁手順を定めたものである。不公正かどうかは、米通商代表部（USTR：Office of the United States Trade Representative）が調査・判断し、制裁措置の発動は大統領が行う。議会の承認は必要ない。2018年6月以降の追加関税は、この規定を根拠にしている（なお、2018年3月に行われた鉄鋼・アルミニウムへの追加関税賦課は、「通商拡大法」232条を法的根拠としている）。どうしてこのような「異常」とも言える規定が、アメリカに存在するのだろうか？

この規定は、1974年に制定された。そして、1980年代の日米貿易摩擦の際に用いられた。1987年、アメリカは、301条に基づいて、コンピュータ、カラーテレビ、電動工具について、100％の報復関税をかけたのである。1988年には、「スーパー301条」が新設され、不公正な貿易障壁や慣行があるとアメリカが認定した場合、一方的に制裁措置をとることができるとされた。

1980年代に301条が用いられたのは、日本製品のアメリカ市場への流入で、アメリカが深刻な危機感を抱いたからだ。「このままでは、アメリカ市場が日本製品によって席巻されてしまう」と考えられたのだ。

その後、1995年に公平な自由貿易の発展を目的として世界貿易機関（WTO）が発足し、それ以降は、通商法301条の発動は控えられるようになった。しかし、それがいま復活したのだ。

この異常な規定が、いまアメリカで復活したのは、なぜだろうか？　この背後には、アメリカの新しい危機感があるのではないだろうか？　では、その危機感とは何だろうか？

2　中国の躍進

中国ITは目覚ましく成長

中国は、GDPの規模で大きくなっただけではない。経済の中身が質的に進歩した。とりわけ、IT分野における進歩が目覚ましい。新しいサービスがつぎつぎと誕生し、それが市民生活に浸透して、中国社会を変えたのである。

中国のIT企業アリババ（Alibaba、阿里巴巴）の時価総額は4384億ドルだ（2019年7月）。これは世界第7位であり、日本で最大のトヨタ自動車の時価総額1756億ドル

（世界第46位）の2・5倍である。

中国のＩＴ産業を牽引しているのは、バイドゥ（Baidu、百度）、アリババ、テンセント（Tencent、騰訊）だ。これら3社は、頭文字をとって、「ＢＡＴ」と呼ばれる。バイドゥは検索とＡＩ（Artificial Intelligence、人工知能）技術、アリババはｅコマース、テンセントはソーシャル・ネットワーキング・サービスを、それぞれ提供している（なお、テンセントの時価総額は、４３７１億ドル）。

中国におけるフィンテック（ＩＴの金融への応用）の進歩は驚異的だ。電子マネーは、中国で広く普及している。二大サービスは、アント・フィナンシャル（Ant Financial、螞蟻金服）が運営する「アリペイ」と、テンセントが提供する「ウィーチャットペイ」だ。

ほとんどゼロのコストで送金できる。誰でも、どんな店舗でも、特別な装置や審査なしで利用できる。アリペイとウィーチャットペイの利用者は、それぞれ10億人程度になっている。電子マネー取引額は約１５０兆円といわれる。約5兆円の日本と比べると、30倍以上もの差がある。

アリペイは、各国の企業と提携して、アジア、ヨーロッパ、アメリカなど34カ国以上に進出している。国外利用者は約2・5億人いると言われる。第5章の3で述べたように、日本の店舗でも、登録すればアリペイを利用することができる。実際、来日中国人客のために日本でも導入する店舗が増えている。オリンピックを機会に、日本でアリペイを受け入れる店舗は急速に増えるだろうと考えられていた。

日本では、ようやくQRコード決済が始まろうとしているところだ。一方、アリペイは2017年9月、顔認証だけで支払いができる新決済システム「Smile to Pay（スマイル・トゥ・ペイ）」を導入した。これが広がれば、決済にスマートフォンさえ必要なくなる。

中国が「一帯一路」構想によって、東南アジアからヨーロッパに至る地域において経済的覇権を握ろうとしていることは、第4章の4で述べた。しかし、こうした政策だけではなく、金融インフラの面においても、中国が世界的な規模で指導権を握ろうとしているのだ。なお、中国フィンテックの躍進ぶりについては、第11章でより詳細に見ることとする。

基礎的な科学技術力の向上

以上で見たように中国ハイテク企業が成長したのは、中国政府がアメリカIT企業を中国から締め出したためだと言われることがある。

例えば、グーグルは、2006年に中国市場に参入し、中国市場でのシェアがバイドゥに次ぐ2位になった。しかし、2010年1月、厳しい検閲に関して中国政府と意見が合わず、2010年3月に、中国本土での検索サービスから撤退した。

このように、中国IT産業成長の背景に、中国政府の保護があることは間違いない。そして、BATがこれまで提供してきたのは、アメリカで始まった新しいビジネスモデルの模倣が多かった。アリババはアマゾンの、テンセントはフェイスブックの、そしてバイドゥはグーグルの、それぞれ模倣だった面があることは、否定できない。

しかし、模倣とばかりは言えない。最近では人材が成長し、巨額の開発資金が投入されている。その結果、基礎的科学技術力が高まっている。論文数やコンピュータサイエンス大学院で世界一になっていることが、それを示している。中国の成長は「本物」であり、それがゆえに、アメリカは重大な関心を持たざるをえないのである。

中国経済発展の背景には、中国が基礎的な開発力を向上させていること、とくに科学技術が世界で最先端のものになりつつあることがある。

2010年頃まで、中国は、「安かろう悪かろう」の製品を大量の労働力で作る「貧困工場」の国だった。「メイドインチャイナ」は品質が悪いと、世界でも中国国内でも信じられていた。低賃金のため蟻のような生活を強いられる「蟻族」と呼ばれる人々の話も伝えられた。

しかしいまや、中国の人々の基本的な能力が高まっているのだ。私は、2004年にスタンフォード大学で「バーリンホウ（80后）」（1980年代以降に誕生した人々）と呼ばれる世代の中国人留学生に会った。あまりに能力が高いので驚嘆したが、いまやそれらの人々が中国を動かしているのだ。

その結果はさまざまなところに現れている。全米科学財団（ＮＳＦ：National Science Foundation）が、世界の科学技術の動向をまとめた報告書*Science and Engineering Indicators 2018*によると、２０１６年の論文数世界ランキングで、第１位は中国だ。以下、アメリカ、インド、ドイツ、イギリス、日本の順になっている。

『ＵＳニュース・アンド・ワールド・レポート（*U.S. News & World Report*）』誌が、分野別の世界の大学ランキングを作成している。２０１９年版のコンピュータサイエンスの分野を見ると、世界1位は中国の清華大学だ。日本の第１位は東京大学だが、世界のランキングでは、１３４位だ。

3　日本の危機感の欠如

中国とのＧＤＰ比が１・４倍から２・５倍に拡大

２０１２年末に第2次安倍晋三内閣が発足し、２０１３年4月には異次元金融緩和政策が開始された。これによって日本経済が復活するとの期待が広がった。しかし、実は、この間にも世界経済での日本の地位は低下したのだ。他方で、中国は量質ともに目覚ましく成長し、アメリカを脅かすまでになった。

ここで強調したいのは、本章の2で述べた中国の躍進の多くが、日本でアベノミクスが行われている期間に起きたという事実だ。

例えば、IT大手企業のアリババだ。同社がニューヨーク証券取引所に上場したのは、2014年のことである。

多くの人が、アベノミクスの6年間で日本経済は順調に成長したと思っている。確かに、企業利益が増加し、株価は上昇した。日本のGDP（国内総生産）がこの間に増大したことは事実である。名目では2012年の495兆円から2017年の547兆円へと10・4％増加した。実質では、495兆円から532兆円へと7・4％の増加だった。

しかし、ドルベースで見ると、円安が進行したため、6・2兆ドルから4・9兆ドルと21・5％も減少したのだ。

一方、世界の多くの国が、この間に日本を超えるスピードで成長した。アメリカの名目GDPは、16・2兆ドルから20・4兆ドルへと20・0％増加した。この結果、日本のGDPとの比率は、2・6倍から4倍にまで拡大した。

さらにショックなのは、中国との関係だ。中国のドルベースGDPは、8・6兆ドルから12・0兆ドルへと40・2％も増加した。日本のGDPとの比率は、1・4倍から2・5倍に開いたのだ。

このように、アベノミクスの6年間に、日本と世界の関係、とくに中国との関係が大きく変わってしまった。多くの日本人は、こうした変化が起こっていることに気づいていない。

日本産業の劣化

では、アベノミクスの期間、日本は何をやったのか？　何の意味もない金融緩和政策だ。構造改革や規制緩和がかけ声ではいわれたが、新しい産業が登場したわけではない。

むしろ、これまで日本の主力産業であった分野での企業の衰退・劣化が目立つ。

「日の丸半導体」企業であるルネサスエレクトロニクスは、2019年5月に、国内外の13工場で長期生産停止に踏み切った。グループ従業員の5％にあたる1000人近くの希望退職を募っていた。フラッシュメモリーを手掛ける東芝子会社の東芝メモリも、米投資ファンドを中心とする日米韓連合の傘下となった。

それに続いて、「日の丸液晶プロジェクト」であるジャパンディスプレイ（JDI）が危機的な状態になった。1000名規模の早期希望退職者の募集や、役員報酬と管理職の賞与減額などを予定している。いったんは台湾のパネルメーカーや中国の投資ファンドなどで構成される台中3社連合から金融支援を受けることで合意したのだが、先行きは不透明だ。

こうしたことにもかかわらず、日本人は強い危機感を抱いていない。

2040年代に中国は日本より豊かな国になる可能性も

世界経済の長期予測がいくつかなされている。

日本経済研究センターが行った2060年までの長期経済予測は、中国が2030年代前半に経済規模でアメリカを抜くとした。

「2030年展望と改革　タスクフォース報告書」（内閣府）によると、2030年、中国のGDPの世界シェアは23・7％で、アメリカの20・2％より高くなる。

これ以外にもいくつかの長期推計があるが、それらのほとんどは、2030年代前半に中国がGDPの規模で世界最大になると予測している。

中国の人口は巨大だから、経済規模が世界最大になるのは、さして驚くべきことではないかもしれない。

日本との関係でより重要な意味を持つのは、「豊かさ」だ。

以下では、ドル表示で見た1人あたりGDPについて、日本と中国を比較してみよう。

2010年には、中国の値は日本のほぼ10分の1であった。その後、2012年から15年に円安が進んだため、日本の値は低下した。この間においても中国は成長を続けたので、201

8年において、中国の1人あたりGDPは日本の4分の1程度になった。

IMFによる推計によると、2023年に、中国は日本の3分の1程度になる。

さらに将来の時点では、どうなるだろうか?

以下では、過去の傾向が将来も継続するとしたらどうなるかを計算してみよう。

前で見た円安による影響を取り除くために、2014年から2023年までの年平均成長率を見ると、日本は2・6%、中国は7・8%だ。

仮にこの傾向が将来も続くとすれば、中国の1人あたりGDPは、2032年に日本のほぼ2分の1になる。そして、中国が日本と同じ豊かさになる「Xデイ」が訪れる。それは2046年だ。これは、それほど遠い未来のこととは言えない。

ただし、以上は過去のトレンドが続くとした場合のものだから、これとは違う結果になることは、十分ありうる。実際、OECD予測では、2040年における中国の1人あたりGDPは、日本のそれの6割程度だ。2060年になっても、まだ日本の方が高い(*Economic Outlook* No. 95, May 2014, Long-term baseline projections)。

また、米中貿易戦争で中国の経済成長率が大幅に鈍化すれば、Xデイの実現は先になる。日本が構造改革に成功し、新しい産業が登場して経済成長率が高まれば、やはりXデイは先になる(あるいは回避できるかもしれない)。しかし、これまでのトレンドが続けば、Xデイは避けられない。

出稼ぎ労働の方向が逆転する?

中国の成長率が高いことは広く認識されているが、あくまでも、「中国は日本より貧しい」という大前提の下のものだ。中国が日本より豊かになれば、この大前提が覆される。2つの地点の高さが逆転すれば、水の流れの向きは逆になる。それと同じことが起きるのだ。Xデイの到来は、まさにパラダイムの転換であり、さまざまな面で日中関係に大きな質的変化をもたらすだろう。

第1は労働力の国際間移動だ。人口高齢化によって、将来の日本が深刻な労働力不足経済に突入することは、よく知られている。

これに対処する手段として、高齢者や女性の労働力率の引き上げが考えられる。こうしたことは行われるべきだ。しかし、これらの実現のためにはさまざまな支援策などが必要であり、手放しで簡単に実現できるわけではない。

そこで、外国人労働者の受け入れ拡大が不可欠になる。この必要性は認識されており、2018年には、出入国管理法が改正されて、新しい受け入れ枠が作られた。

多くの日本人は、日本が受け入れ枠を拡大すれば、外国人労働者が増えると考えている。しかし、これは甘い考え方だ。なぜなら、日本の賃金が高いからこそ、外国人労働力を呼び寄せられるからだ。日本の賃金の方が低くなれば、外国人労働力は来ない。これまで述べたように、日中間において、これは現実の問題となりうる。

現在、日本の外国人労働力の最大の供給源は中国である（２０１８年10月で、外国人労働者数は１４６万４６３人。うち、中国が38万９１１７人で、全体の26・６％：厚生労働省『外国人雇用状況』の届出状況まとめ」）。したがって、中国人労働者を得られなくなることの影響は大きい。ベトナムなど東南アジアからの労働者が期待されるかもしれないが、そうした人々は中国に行くだろう。

中国の方が豊かになった時代には、日本人が中国に出稼ぎに行かなければならない事態になるかもしれない。いまのところ香港やシンガポールが中心だが、金融やハイテクの分野では、すでにそうした動きが生じつつある。

こうなった場合に、日本の労働力問題は、現在予想されているよりもさらに厳しくなるだろう。若い人口が日本からいなくなれば、社会保障の維持もさらに困難になるだろう。

豊かさの逆転で日本国内の生活が攪乱される

中国の賃金が日本のそれに接近すれば、中国に立地している日本の製造業は、低賃金労働を得られなくなる。この結果、産業における日中間分業の姿は、現在とはかなり変わるだろう。貿易構造も変わる。

予想される第2の問題は、中国人の行動によって日本国内の生活が攪乱されることだ。観光公害は、日本各地ですでに危機的状態になっている。京都、北海道、富士山周辺などでは、外国人旅行客が住民の日常生活圏にも入り込んで来ていると言われる。東京都心では、目抜き通りに観光バスが駐車し、大量の観光客が通りを占拠している。中国人の購買力が高まれば、こうした傾向がもっと一般化する可能性がある。

影響は以上で見たことに限られない。不動産市場が攪乱される可能性は大きい。すでに東京のタワーマンションなどで、そうした事態が生じていると言われる。また、北海道のニセコなどの不動産が買い占められているとも言われる。これらに限らず、日本国内の不動産が広く購入されている可能性がある。

中国人の富裕層は、資産を海外で持ちたいと考えている。中国国内では不動産の所有権を獲得することができないので、海外の不動産が標的となる。だから、海外投資の傾向は今後も続くだろう。そして、中国人の購買力の増大に伴って、それが拡大する可能性がある。

金融面でも支配される可能性がある。仮に中国資本が日本国債を大量に購入すれば、日本の金融政策も影響を受ける。株式市場も、中国からの投資で動かされるだろう。

日本のすぐ隣に、日本より豊かで、10倍以上の経済規模を持つ国が出現するということは、その一挙手一投足によって日本が振り回されるということなのだ。電子マネーのアリペイが日本国内で広く使われる可能性もある。顔認証のために顔情報を提供すれば、日本人の個人情報が中国に握られる。

支配されないためには強い経済力を持つ必要

最近、「日本は、がむしゃらに成長しなくてもよいではないか」という意見が聞かれる。「そこそこの豊かさで満足すればよいだろう」「世界の片隅であっても、静かに、自分たちだけの社会を維持できればよい」という考えだ。

そうした願望を理解できないわけではない。実際、不動産市場などが攪乱される可能性を考えると、鎖国して殻に閉じこもりたい気持ちになってしまう。

しかし、現実の国際社会では、そうした願望を実現するのは、不可能だ。支配されず、攪乱されないために必要なのは、事態に積極的に立ち向かうことだ。日本が自立を続けるには、強い経済力を持つ他はない。

アメリカは危機感を持ち、対処策を実行に移している（その方策が適切なものか否かについて、疑問があるものもあるが）。

しかし、本当は、日本も危機感を持つべきなのである。中国企業に対抗しうる日本独自の産業とはどのようなものかを、真剣に探っていかなければならない。

ところが、ある年代以上の日本人には、以上で述べたような構図を受け入れられない。「中国は貧しい国」という固定観念に凝り固まっており、そこから脱却することができないのだ。

しかし、よく考えてみれば、前述の未来図は、異常なものでない。それどころか、長期的な歴史の中では、むしろ正常なものかもしれない。

中国は、人類の長い歴史を通じて、世界で最高の科学技術を持っており、世界で最も豊かな国だった。ところが、中国は、18世紀半ばから19世紀にかけての産業革命に適応することができなかった。このため、世界の変化に取り残された。とりわけ、アヘン戦争（1840～42年）以降の凋落は著しかった。

しかし、この期間（これまでの200年間程度の期間）が、むしろ異常だったのではないだろうか？　歴史はいま、正常な過程に戻りつつあると考えることができる。

とはいえ、ことは簡単ではない。世界標準として認めるには、中国の国家体制はあまりに特殊だからだ。われわれは、この矛盾をどう解消していけばよいのだろうか？　これが、第Ⅱ部と第Ⅲ部で検討するテーマだ。

第Ⅱ部

長い停滞から脱し、世界の工場からＩＴ先進国へ

第7章 なぜ中国は長期停滞に陥ったか？

1 世界最先進国だった中国は、明の時代から長期停滞へ

明の時代に成長が止まった

中国は、人類の長い歴史を通じて、世界の最先進国だった。しかし、ある時点から落伍した。歴史の転換点はいつだったのか？　多くの歴史家によれば、それは、明の時代だ。

経済学者であるグレン・ハバードとティム・ケインによる『なぜ大国は衰退するのか――古代ローマから現代まで』（日本経済新聞出版社、２０１４年）は、つぎのように述べている。

経済学者のアンガス・マディソンが示したデータを見ると、明朝の頃に中国の成長が止まった。人口は増大したが、人口１人あたりのＧＤＰが増えなくなった。１４００年代以降の中国では、経済水準の変動がなくなった。「明時代の早期に何か決定的なことが起きて、中国の運

命を変えたのだ」と著者たちはいう。

ハバードとケインは、マディソンが収集した新しいデータを用いた経済力の測定指標を作った。これによると、1700年のイギリスを100とした場合の中国の経済力は、つぎのように変化した。

1000年で52、1500年で163、1600年では375。

つまり、1600年においては、中国は、100年後のイギリスの4倍近い経済力を持っていたのだ。ところが、1700年では218になった。この時点でもまだ同時代のイギリスの2倍を超える経済力を持っているが、1600年代に転換点があったのは明白だと、著者たちは言う。

多くの人が認めるのは、中国落伍の原因は、ヨーロッパ側にあるという見方だ。とくに、ヨーロッパの成長が大航海以降に加速したことだ。

『なぜ大国は衰退するのか』も、西欧の生産性が上昇したことは、もちろん認めている。ただ、それだけではなく、中国の成長があるときに止まったことを重視しているのだ。では、このときに何が起きたというのか？　それは、対外政策だという。これを以下に見よう。

鄭和大航海の壮大さ

ヨーロッパ諸国による大航海に先立つ15世紀初頭に、明の鄭和が率いる船団が大航海を行い、アフリカ大陸東岸に到達した。これは、1405年、明の第3代皇帝、永楽帝（1360〜1424年。在位1402〜24年）の命によって開始された遠洋航海だ。

第1次航海はセイロン、カリカットまでだったが、その後、数次の航海が行われ、アフリカ東海岸に達した。第6次と第7次遠征では、ザンジバルにまで達した。ここはタンザニアの東であり、南半球である。

「宝船艦隊」と呼ばれた鄭和の船団は、コロンブスやマゼランなどのヨーロッパの艦隊とは比較にならぬほど大規模で立派なものだった。

コロンブスの第1回航海は、3隻の帆船と約90人（120人との説も）の乗組員で行われた。最大船であるサンタ・マリア号の全長は24mだった。

それに対して、1405年に南京から最初の航海に出発したときの鄭和の船団は317隻のジャンク船で構成され、一隻には平均90人の船員が乗りこんでいた。船団全体では、3万〜4万の人員がいた。

6〜8本のマストを持つ商船には絹や磁器、漆器などが大量に積みこまれていた。9本のマストを持ち、全長が約130m、全幅が約50mの船もあった。この幅は、コロンブスのサンタ・マリア号の全長の2倍以上だ。鄭和艦隊の巨大な船に比べれば、コロンブスやマゼランの船はおもちゃのようだったのである。

鄭和大航海の目的は何だったか？

ここで問題は、大航海の目的である。世界史の通説では、つぎのように考えられている。

中国は大帝国であり、中国の歴代王朝の君主は、周辺国の首長に国王の称号を授与していた。周辺国は使節を派遣して貢ぎ物を献上し（朝貢）、返礼の品を受け取っていた。これは、「冊《さく》封《ほう》」と呼ばれるものだ。鄭和の大航海も、明帝国の威光を世界に知らしめるための使節団であり、進貢国を増やすことが目的だった。

これが通説であり、多くの歴史家が認めるところなのだが、『なぜ大国は衰退するのか』は、これとは若干異なる見解を示している。つまり、永楽帝は貢ぎ物だけでなく、貿易を重視したというのだ。

そして、ジャーナリスト・著述家であるルイーズ・リヴァシーズのつぎの言葉を紹介している。

「皇帝になった永楽帝は、父帝の厳格な朝貢・貿易政策をただちに否定した」

「永楽帝は民間貿易を認め、コショウや金に対する貿易規制を解除した。『中国の繁栄の源は農業のみ』という理想を支持していた儒者の顧問らにとっては不快なことに、永楽帝は外国人商人に中国の扉を開き、『四つの海に囲まれた人々はみなひとつの家族である』と語った」

「彼はさらにこう宣言した。『国境の柵を越えて相互貿易をおこない、国に必要なものを入手するとともに、遠隔地の人々の来訪を促そう』」

権力争いで対外政策が二転三転

ところが、その後の権力争いによって、対外政策が二転三転した。

永楽帝が１４２４年に亡くなると、息子の洪熙帝（１３７８〜１４２５年。在位１４２４〜25年）は、周囲を伝統的な儒者の一団で固めた。即位した洪熙帝は、その日のうちに「宝船の航海をすべて中止する」という勅令を出した。しかし、１年で死去した。

第５代の宣徳帝（１３９９〜１４３５年。在位１４２５〜35年）は、貿易や開放政策を望んだ。このため、鄭和の航海はさらに10年続いた。ただし、１４３１〜33年の第７次が最後になった。

第６代の英宗帝（または正統帝）（１４２７〜64年。在位１４３５〜49年）は、官吏寄りの立場をとり、貿易の時代に終止符を打った。

こうして、朝貢貿易は崩壊し、明の艦隊は港で朽ち果てた。永楽帝と鄭和が行った大航海は継続せず、一時的な事業に終わってしまったのだ。

海岸地域の住民は、その後も貿易から利益を受けたが、明の宮廷はそれを好ましからざるものと見ていた。1500年には、3本以上のマストのある船の建造は死刑にあたる罪とされた。1525年には、外洋船を取り壊す命令が出された。1551年までには、複数のマストがある船の航海は、たとえ貿易目的でも犯罪とされるようになった。

このように、権力闘争の結果、外洋航海が崩壊した。「政治が経済成長を止めた」というのが『なぜ大国は衰退するのか』の見解だ。

リスクに挑戦する仕組みがあるか?

政治が発展を阻害したのは、間違いない事実だろう。ただし私は、(それと矛盾することではないが) 社会構造の違いを強調したい。

ヨーロッパでは、個人や個人企業が利益を求めてリスクをとり、新しいフロンティアを広げる機会が存在した。ヨーロッパの大航海は、香辛料貿易の新ルートを開発するという、商業的利益に導かれたものだった。次節で述べる株式会社も、このようなインセンティブをさらに利用しようとして発展した社会組織だ。

それに対して、中国という国家には、新しいフロンティアを求めるインセンティブが存在しなかったのだ。大航海もリスクへの挑戦ではなかった。

永楽帝は貿易を重視したというが、リスクに挑戦したわけではなかった。鄭和も、官僚として職務を実行しただけであり、自らの利益を求めて冒険航海を行ったわけではない。その意味で、コロンブスやマゼランなどの冒険家とはまったく違う人種だ。中国には、このような人物が活躍できる社会的な基盤がなかったのだ。

こうして、中国は高い技術水準を持ちながら、歴史の動きから大きく立ち遅れることになった。もし、太平洋の彼方に何があるかを探るインセンティブを当時の中国人が持てるような社会体制であったら、中国がアメリカ大陸を発見していただろう。そして、世界の歴史は、まったく違うものになっていたに違いない。

2　近代史に見る「株式会社」の重要性

株式会社の成長こそが発展の本質

中国は人類の長い歴史の中で、世界の先頭にあった。しかし、明朝の頃を境にして没落した。これはなぜだろうか？

「株式会社がなかったから」というのが私の考えだ。

現代世界で、経済活動を行い、新しいフロンティアを開いているのは、企業である。とりわけ、株式会社という形態の組織だ。これが、大航海時代以降のヨーロッパ社会の成長を実現する原動力になった。ところが、中国には、長い歴史の中で、企業、とくに株式会社が存在しなかった。

文化大革命後の改革開放政策によって、中国に初めて株式会社という形態の社会組織が誕生した（第8章参照）。これが中国の驚異的な発展を実現したのだ。株式会社が誕生しなかったら、改革開放後の中国の経済成長はありえなかった。最近では、中国企業の発展は目覚ましい。日本の企業よりずっと活力に溢れている。

株式会社の成長こそが、中国経済発展の本質なのである。したがって、中国の経済発展を理解し、将来を予測するには、株式会社の役割を見ることが重要だ。

なぜこのような変化が起きたのか？　それはどのような役割を果たしたか？　中国の企業は西側諸国の企業と同じものか？　あるいは、表面的に似ているだけで、異質のものなのか？　今後の中国企業は、どのような方向に発展していくのか？　中国経済を理解するには、これらを明確にすることが、重要だ。

中世末期のイタリアで発明された会社組織

株式会社という組織は、中世末期のイタリアで発明された仕組みをもとにしている。この頃、イタリア諸都市で、船舶所有者と出資者が「コンメンダ」と呼ばれる契約を締結するようになった。これは、事業者と出資者で利益を分け合う仕組みだ。ヴェネツィアやジェノバでは、「ソキエタス・マリス」という名称で、同じような仕組みが始まった。これらの仕組みによると、多数の出資者を募ることができるために、リスクが分散される。

コンメンダとソキエタスとは次第に結合されて、合資会社（マグナ・ソキエタス）という形態に発展した。こうして、商人たちが危険な航海に出資できるようになった。

15世紀の末から始まるヨーロッパの大航海を可能にしたのは、商人たちの出資だ。

歴史の教科書には、コロンブスの場合にはスペインのイサベラ女王が、マゼランの場合はスペイン王カルロス1世が、航海のパトロンになったと書いてある。しかし、王室だけで航海費用を賄えたわけではない。

大航海時代の最初の頃、王室のサポートは、多分に「お墨付き」の性格が強かったと思われる。シュテファン・ツヴァイクの『マゼラン』（みすず書房、1998年）によると、マゼランは、スペイン王室に対して、「私が必要とするのは資金ではないのです。スペインの国旗の下に航海してもよいという栄誉だけを頂きたい」と言っている。

マゼランの航海を資金面で支えたのは、セビーリャの回漕問屋クリストファ・デ・アロだった。スペインの御前会議は、「アロのような老獪な事業家が私財をつぎ込むことを見れば、利益が特別多いに違いない」と考えて、王室財産の投資を決めたのだ。16世紀初頭になっても、ポルトガル王室はインドに送る船団の費用の4分の1未満しか準備できず、残りはジェノバや南ドイツの商人から借りた。

大航海は、地中海貿易に比べて、遙かに危険な企てだった。最初は目的地までのルートがあるかどうかさえわからない航海だったのだから、信じられないほどリスクが高かった。これほど大きなリスクから出資者を守るために、これまで述べたような仕組みが不可欠だったのだ。

株式会社によってヨーロッパの世界支配が可能に

17世紀になると、ヨーロッパのさまざまな国で、植民地経営事業が始まった。これは、それまでの経済活動にはなかった新しいリスクを伴うものだった。

そうしたリスクに対処するために、コンメンダ、ソキエタス・マリス、あるいはマグナ・ソキエタスなどの仕組みを発展させて、株式会社が設立されるようになった。1600年にイギリス東インド会社が設立された。これは、1航海ごとに清算し解散する当座企業だった。

それに対して1602年にオランダで設立された東インド会社は、永続企業だった。これは、最初の株式会社と言われる。これによって、恒常的な企業活動が可能となった。そして、イングランドやフランスなどでも、永続的な株式会社形態による東インド会社が設立された。

株式会社制度では、「有限責任制」が認められている。これは、株主の責任を出資額に限定するものだ。したがって、会社が破綻した場合の株主の損失は、持ち株の価値がゼロになることに限定される。つまり、会社が債務超過であっても、株主の個人資産まで追及されることはない。

これは、株式会社に与えられた特権であり、貸手の犠牲において、株主の立場を守ろうとするものだ。株式会社制度は、投資家の安全を確保しつつ、企業がリスクの高い事業に挑戦することを可能にした。こうした仕組みによって、ヨーロッパの世界支配が可能になったのだ。

中国には株式会社が生まれる社会的基盤がなかった

ところが、中国にはこのような仕組みは誕生しなかった。なぜか?

それには必然的な理由がある。中国は長い歴史を通じて、常に官僚国家であり、中央集権の国であったからだ。これがヨーロッパとの基本的な差だ。

中央集権国家は、リスクをとらない。なぜなら、失敗すれば国全体が崩壊してしまうからだ。これまでの支配体制を維持し続けることこそが、中央集権国家の最も重要な課題だ。中世末期以降のヨーロッパ社会において会社組織が必要とされたのは、これまで述べたように、商人たちがリスクをとろうとしたからだ。

ここで重要なのは、「分権」が認められているかどうかだ。分権が認められている社会では、一部分が失敗しても、全体が失敗することはない。リスクに挑戦すれば失敗する商人も出てくるが、社会全体が崩壊してしまうことはない。

こうして、分権化されている社会では、能力と意欲のある人々に、その能力を発揮できる機会が与えられる。これまで見てきた「株式会社」が、その具体的な形だ。これに対して、官僚組織によって支配される中央集権国家では、そうした機会は存在しない。

人間の能力は、どんな社会でも似たようなものだ。しかし、社会構造が違えば、社会全体の力は違ってくる。

このような差は、それまでの時代においても存在したものだ。しかし、経済活動の範囲が限定的だったので、この違いが社会のパフォーマンスに大きな差をもたらすことはなかった。大航海の成功によって人間の経済活動の範囲が急激に広がったとき、リスクに挑戦する仕組みを持つ社会と、持たない社会との差が顕在化したのだ。

ヨーロッパ型国家の原型はローマ共和国

以上で見たように、ヨーロッパ型の国家と中国では、社会の基本的な仕組みが違う。では、株式会社を生み出したヨーロッパ型国家の基本的な性格とは、具体的にはどのようなものか？

ヨーロッパの中世を支配したのはカトリック教会である。これは、ある種の官僚組織だ。しかし、ルネサンス以降のヨーロッパ国家の原型となったのは、カトリック教会ではなく、古代のローマ帝国だ。

その基本形は、帝国になる以前のローマ共和国に見られる。これは、小さな官僚機構しか持たない分権国家であり、商業的な利益を守るのが、その基本的な性格だ。アウグストゥスが築いたローマ帝国は、この理念を現実化したものだ。「帝国」という名とは裏腹に、分権国家だったのだ（実際、アウグストゥス自身は、「帝国」という言葉を避けている）。

ローマ帝国は滅びたが、その後のヨーロッパに誕生した国家は、フランスやスペインを除けば、基本的にはローマ共和国的な性格の国家であり、経済的利益を重視した。

とりわけ、イングランドとオランダがそうである。神聖ローマ帝国（ドイツ）も、極めて分権的な国家だ。また、国家ではないが、ハンザ同盟のような商業都市の連合体もあった。このようなヨーロッパ型国家が、株式会社を作り、大航海を実現したのだ。

ヨーロッパの大航海は、新しいフロンティアを求めた。それは商業的利益の追求に導かれたものではあったが――というよりは、商業的利益に導かれたものであったために――世界を大きく変えた。

この流れが産業革命をもたらしたのだ。産業革命以降の時代は、株式会社によって切り開かれた。株式会社がなければ、産業革命が世界を変えることはなかっただろう。

このように、大航海時代以降の世界史をリードしてきたのは、中国的な理念ではなく、ローマ共和国的理念だった。このため、ローマ共和国の理念は、単にヨーロッパ社会やアメリカだけではなく、人類的な普遍性を持つものになった。

アメリカ建国の父たちは、ローマ共和国を理想国家像とした。アメリカ合衆国は、ローマ共和国の再現を目的とした。だから、アメリカの基本思想と中国の基本思想は、本来は決して相容れないものだ。

では、改革開放後の中国に登場した株式会社は、中国社会の基本的性格が、長い歴史を持つ「中国的」なものから変質していることを意味するのか？　それとも、それは、ヨーロッパで生まれた株式会社とは表面的に似ているだけで、本質的には異質のものなのか？　これこそが、重要なポイントだ。この問題は、第12章の3で再び取り上げることとしよう。

いま起きていることがなぜ重要か？

最後に、つぎの2点を述べておこう。第1は、「制度が重要だったのかどうか？」だ。

『なぜ大国は衰退するのか』は、政治学者フランシス・フクヤマの「明朝中国には、近代的経済の発展に不可欠だと現在考えられている制度の大半が存在していたから、制度が衰退の原因ではない」という考えを紹介した後で、「この主張は正しくない」としている。

私も、『なぜ大国は衰退するのか』の見方に賛成だ。ヨーロッパに生まれた株式会社は、中国には生まれなかった。それが生まれなかったのは、官僚国家だったからだ。このような制度の違いこそが、その後の歴史に重大な影響を与えたのだ。

第2は、「原因が中国にあったのか、ヨーロッパにあったのか？」だ。

これに関して、『なぜ大国は衰退するのか』は、経済史家ジョエル・モキアのつぎのような言葉を紹介している。「答えるべき第1の問題は、なぜ中国がヨーロッパとは異なっていたのかではなく、なぜ1800年当時の中国は1300年当時の中国と異なっていたのかである」。

そうだろうか？　私はこの意見には賛成できない。1800年当時の中国には株式会社がなかったという意味で、1300年当時の中国と同じであり、それこそが問題なのだ(注)。ヨーロッパが変わったのに、中国が変わらなかったのが問題である。それが、いま変わりつつある。だからこそ、これは、世界史的な大事件であり、第2の大転換なのだ。

(注)清朝では、租界に住む外国人がつぎつぎと株式会社を設立した。これを清朝の洋務派官僚が取り入れた。1872年に上海で設立された輪船招商局は、中国で最初の株式会社と言われる。

第8章

長期停滞から脱して世界の工場へ

1 中国は「長い長い停滞」の後、いかにして大転換を遂げたか

他国とのどうしようもない実力差

中国は2019年10月1日に建国70周年を迎えた。

しかし、新しい中国の出発点は、建国の時点ではない。1970年代の末に、改革開放政策に大転換したときだ。市場経済制度を導入して生まれ変わった中国は、工業化を開始した。この間の推移を振り返ってみよう。

明時代の鎖国主義が中国を没落させたと、第7章で述べた。そうした中国人の世界観は、清の時代にも続いた。朝貢貿易を改めようとしなかったのだ。

自由貿易を求めて中国に赴任したイギリス大使ジョージ・マカートニーは、やっとのことで

1793年、乾隆帝への謁見を許された。ところが、清朝は彼を従属国の朝貢使節として扱い、三跪九叩頭（三回跪き、九回頭を下げる）の礼を要求した。「中国には何でもあるから、貿易の必要はない」との考えだ。

しかし、現実には、産業革命に成功したヨーロッパとの実力の差は、どうしようもないほど広がっていたのだ。アヘン戦争（1840～42年）によって、中国は徹底的にうちのめされた。そして、ヨーロッパ諸国による植民地化が始まる。さらに日清戦争で日本に敗れた。

中華人民共和国は官僚帝国

内戦後に政権を獲得したのは、共産党だった。中華人民共和国は、分権的民主主義国家ではなく、官僚帝国だ。官僚帝国が続いた中国の長い歴史から見てみて、これは、ごく自然な流れだったと言える。

言い換えれば、このときに中国が大転換したとは言えない。むしろ、それまでの鎖国主義、官僚主義、反市場主義は強化された。

共産党独裁政権の下で、経済活動は、国あるいは国営企業によって行われた。国民の大半を占める農民は、人民公社に閉じ込められた。

「大躍進政策」は、1958年から62年までの期間に、毛沢東が採った農業と工業の大増産政策である。これによってイギリスに追いつき追い抜くことが目的とされた。

フランク・ディケーター『毛沢東の大飢饉――史上最も悲惨で破壊的な人災 1958―1962』（草思社、2011年）に、その惨状が描かれている。農民は農作業から徴発され、無益な貯水池やダム建設のために手で土を掘る作業に投げ込まれた。土法高炉で鉄を生産したことにするため、調理器具や農具が押収された。当然の結果として農業生産は激減し、空前の飢餓が全土を襲った。

人々は、死んだ鼠、屋根葺き用のトウモロコシの茎、革の椅子などを食べつくしたあと、泥を食べた。そして、ついに人肉を食べた（死体を掘り起こし、さらには家族間で子供を交換した）。医療体制が崩壊したにもかかわらず、伝染病で多数の死者が出なかったのは、病原菌に侵される前に餓死してしまったからだ。これが「大躍進」の実態だった。

私は、「中国がこのような状態にあったために、日本が高度成長できた」と考えている。1950年代に中国が工業化に成功していたら、日本の高度経済成長はなかっただろう。その意味で、毛沢東こそは、日本の大恩人なのだ。

文化大革命後、「改革開放」に大きく舵を切った

1966年から76年の期間、文化大革命によって中国は混乱の極に達した。ユン・チアン

『ワイルド・スワン』（講談社文庫、2007年）を読むと、こんなことが実際にありうるのかと、言葉を失う。事態がここまで至れば、どんな国民でもめざめるだろう。

毛沢東の死後の1977年7月に、失脚していた鄧小平が復権し、文化大革命による混乱を収拾して、政策の大転換を図った。1978年12月の第11期3中全会（中国共産党第11期中央委員会第3回全体会議）において、「改革開放、現代化路線」が正式に採択された。

これは、つぎの3つの特徴を持っていた。このいずれにおいても、鄧小平の成長戦略は、極めて巧妙なものだった。

第1に、共産党独裁政権が経済の市場化を先導する。言うまでもないことだが、市場経済と共産主義は矛盾する。しかし、「それでもよい」というのが、鄧小平の考えだ。すでに1962年に、当時共産党総書記だった鄧小平は、「黄猫でも黒猫でも、ネズミを捕る猫がよい猫だ」と言っている（一般には、「白猫・黒猫論」として知られている）。その考えがここで現実の政策になった。

第2に、輸入代替政策ではなく、輸出産業育成を行う。それまでの開発途上国は、経済成長のため、輸入に頼っていた財を国内で生産することを目的とした。しかし、輸入品に比べてコストが高くなり、結局は経済発展が阻害された。こうして失敗した国の典型がインドだ。

中国が行ったことは、これと正反対だ。国内需要とはあまり関係のない分野で輸出産業を興し、それをテコにして経済発展を行おうとした。

第3に、最初から国全体として市場化を行うのではなく、経済特区を設定し、そこで例外的な経済活動を行う。１９７９年に深圳、珠海、汕頭《スワトウ》、厦門《アモイ》に経済特区が設けられ、上海、天津、広州、大連などの沿岸部諸都市に経済技術開発区が設置された。ここに華僑や欧米資本などの外資を積極的に誘致した。

その結果、これらの地域では工業化が進行し、経済力が飛躍的に伸びた。そして、沿岸部の都市と内陸部の農村との間で、大きな経済格差が生じた。

これについても「それでよい」というのが、鄧小平の「先富論」だ。「先に豊かになれる条件を整えたところから豊かになり、その影響で他が豊かになればよい」という考えだ。

国営企業を改革し、株式会社を作る

最初に行われたのは、農村改革だ。「農家経営請負制」と呼ばれる制度が導入された。そして、１９８２年11月の人民代表者会議において、人民公社の解体が決定された。

つぎは、国営企業の改革だ。国営企業の経営効率は低い。これを活性化させるのが重要な課題だった。

１９８４年10月、経営請負制度が導入された。これは、国営企業が国庫に上納する利潤額などの目標を達成すれば、自らの裁量によって利益を設備投資や従業員の給与に充てることを認める制度だ。

１９８４年には、株式会社が設立できるようになった。１９８４年7月、北京天橋百貨股份有限公司が設立され、定期３年・元本保証の株式を発行した。これは、中国で最初の株式会社だとされる。

同年11月には、上海飛楽音響公司が設立された。同社は、元本を返済しない株式を発行した。これは中国で最初の「本格的な株式会社」だといわれる。こうして、市場経済に向けての制度改革が進められた。

重要企業が誕生した１９８０年代

中国における株式会社制度の正式の導入は１９９２年であり、株式市場が整備されるのも１９９０年代になってからだ。しかし、１９８０年代において、すでにいくつかの重要な企業が設立された。それらは、現在、中国を代表する企業になっている。

中国を代表するＰＣメーカーであるレノボ（Lenovo、聯想）は、国の機関である中国科学院の11名の研究員によって１９８４年に設立された（現在、本社はアメリカにある）。

家庭電化製品では、ハイアールグループ（Haier Group、海爾集団）がある。同社は、１９

84年に青島市から青島冷蔵庫本工場という集団所有制企業に派遣された張瑞敏が設立し、1987年に「ハイアール」と改称した。赴任直後の張が、76台の不良品を全従業員が見守る中で打ち壊し、「品質こそ命」という考えを従業員全員に叩き込んだというエピソードは有名だ。さらに、彼は、人事・労務管理に徹底的な競争原理と成果主義を導入した。そして、「農民出身者で一般労働者として採用された者でも、業績次第では管理者になれる」という方針を確立した。

通信機器の分野では、ファーウェイ・テクノロジーズが1987年に設立された。そのCEOである任正非は、中国人民解放軍の元幹部技術者だ。

この時期に設立されたもう1つの重要な企業として、建設機械メーカーの三一重工がある。主な製品は、コンクリートポンプ、コンクリートミキサー車、ロードローラー、舗装機械などだ。同社は、1989年に国営企業から飛び出した4人が設立した。

1990年代、ようやく本格的な成長へ

改革開放政策によって、中国の成長率は急上昇した。名目GDPの成長率は、1970年代末から(1998年から2000年の間を除けば)継続して10%を超えている。20%、30%を超えた年もあった。

鄧小平の工業化政策は、成功したわけだ。しかし、１９８９年の天安門事件の前までは、まだ本格的な成長とは言えない。世界経済における地位も、それほど高まったわけではない。世界の人々も、中国の成長にさほど注目したわけではない。

その大きな理由は、国営企業の存在だ。前述したように企業家精神にあふれる民間企業が現れた分野もあるのだが、経済活動の多くが、国営企業によって支配されていた（前述の企業を起こしたのも、国営企業や軍、あるいは国の研究機関にいた人たちだ）。これが変わるのは、１９９０年代になってからだ。

なお、この時代から、中国の教育水準が上がった。文化大革命の前半の期間には、大学入試は完全に停止された。後半には少人数の推薦入学だけが認められたが、国全体に学問不要論が蔓延していた。高校卒業生の大学入試が正式に再開されたのは、１９７７年のことだ。

この恩恵をフルに受けたのが、80年代に生まれた世代だ。彼らは、「80后（バーリンホウ）」と呼ばれる。「80后」は「一人っ子政策」が実施された後の「一人っ子」世代で、親と祖父母に大事にされながら育ち、大学入学規模拡大の恩恵を受けて比較的楽に大学に進学した。

短大以上の高等教育を受けた者が４割、大学卒が19・４％に達した。この時代に生まれた人々が、工業化に成功した中国を担っていくことになる。

2 なぜ中国共産党だけが生き残ったのか？ 天安門事件と中国の本質

なぜ中国共産党は生き残ったのか？

１９８０年代末に他の社会主義国が崩壊したにもかかわらず中国共産党政権が生き残ったのは、経済政策が成功していたからでもあるが、それ以上に、強権政策によって共産党の権威を維持したからだ。ここに中国という国の本質がある。この間の推移を振り返っておこう。

１９８０年代の末に、社会主義国家が大きく揺らいだ。１９８９年には、東欧で大きな変化が現実化した。

ポーランド（6月18日）とハンガリー（10月23日）で非共産党政権が成立。11月9日には、ベルリンの壁が崩壊した。12月25日にはルーマニアのチャウシェスク政権が崩壊した。そして、１９９１年にソ連が崩壊した。

こうして社会主義国が崩壊していく中で、中国共産党政権は生き延びた。なぜ中国が残れたのか？　これに関して、私はこれまで、「それは１９７０年代末以降の改革開放政策の成功のためだ」と考えていた。

ソ連をはじめとする社会主義国家が崩壊したのは、経済運営に失敗したからだ。その当時のソ連の生産性はマイナスになっていた。つまり、工場に持ち込む材料の価値よりも産出物の価値の方が低い状態になってしまっていた。これでは国が続くはずがない。

それに対して、中国は、１９７０年代末以降、目覚ましい成長を続けていた。深圳などの都市では高層ビルが立ち並び、見違えるほどの変化が生じた。人々は、「明日は今日より豊かになる」と確信できる状態になっていた。

これを実現したのが共産党政権であるから、人々は共産党政権を支持した。私は、このように考えていた。

もちろん、共産主義と市場経済は矛盾する。そして、共産党独裁体制においては、政治的な自由はない。政治的な意見を言うことも、不満を言うこともできない。

ただし、これは将来変わっていくことが期待されるものだ。経済的な豊かさの進展に伴って、いずれ政治的な自由化も実現され、複数政党政治に移行するだろう。中国はそうした変化の過程にある。中国の国民も、そのような変化が将来生じることを期待しているのだろう。私はそのように考えていた。

しかし、ここ数年の事態を見ると、どうもそれほど簡単ではないと思うようになってきた。

まず第1に、これほど経済が成長し、豊かさが実現したというのに、政治的には、一向に民主化・分権化への動きが見られない。むしろ、集権化、独裁化への動きの方が目立つ。

第2に、AIで利用するビッグデータについて、西側諸国では考えられないような収集と利用が行われている。プライバシーが無視され、新しい管理体制が作られている。

そして第3に、米中経済戦争だ。経済情勢が明白に悪化しているにもかかわらず、中国は屈服せず、対抗措置をとり続けている。

米中経済戦争は、貿易赤字とか雇用の増加という次元の問題ではなく、世界経済の覇権争いとしか考えられない状況になってきている。中国はその国家原理において、譲れないものを持っているようだ。

天安門事件に見る中国の本質

こうしたことを見ていると、1989年の大変動を中国が生き延びた理由も考え直さなければならない。もう一度、1989年に戻る必要がある。

天安門事件は、なぜ収束したのか？　このときのヨーロッパの社会主義国と中国との違いは何だったのか？　ソ連や東欧諸国になくて中国にあったものは、何だったのか？　ここに、中国という国家の本質を解き明かす鍵が隠されているだろう。

天安門事件については、エズラ・ヴォーゲルが、『現代中国の父　鄧小平』（日本経済新聞出版社、2013年）の中で詳しく書いている。それを読むと、2つのことが印象的だ。

第1に、一般市民が学生を支援したため、最初の戒厳令は失敗に終わった。第2に、鄧小平は、強硬政策を終始主張し続け、決してためらわなかった。そして、事件終結後においても、そのことが正しかったと主張していた。

市民は軍に立ち向かった

まず第1点から述べよう。中国政府は、1989年5月17日、戒厳令の実施を決定した。19日の夕刻から兵士を送り込み、20日の朝に天安門広場に到着させることとなった。

ところが、北京にやってきた5万の軍隊を、北京市民が妨害し、完全に立ち往生させたのだ。ある部隊は地下鉄を使って天安門広場に入ろうとしたが、地下鉄の入口が閉鎖されてしまっていた。郊外から電車で入ろうとした部隊もあったが、市民たちが線路に横たわって妨害した。他の部隊は、列車から降りた途端に市民たちに取り囲まれて、動けなくなった。

夜になると、数十万もの市民が北京の町に繰り出した。20日午前4時半、学生が占拠していた天安門広場の拡声器が、「軍隊は広場に到達できない」と放送し、デモ隊は喝采を送った。学生たちは、立ち往生する兵士に向けて演説を行い、兵士の中には共感するものもいた。

こうして、軍隊は50時間にわたって動けなかったのである。5月22日の午前7時、軍に撤退命令が下った。デモ隊は勝利を祝った。これほど多くの市民が自らの意思で党の指導に反対するデモを行ったのは、1949年以来のことであり、文化大革命のときにもなかったことだった。

そもそも天安門事件の始まりは、学生デモだ。経済が成長したにもかかわらず、豊かになったのは強欲な起業家や腐敗した役人であり、自分たちは恩恵を受けていないと、学生は考えていた。そして、党幹部の子弟がコネで好機をものにしていることに憤慨していた。そうした学生たちの憤慨が、胡耀邦の死をきっかけに、大規模なデモに膨らんでいったのだ。

胡耀邦（1915―89）は、党主席で総書記。文化大革命で失脚したが、文化大革命が終了して鄧小平が復権すると、1979年に政治局員に抜擢され、趙紫陽とともに改革開放路線を進めて鄧小平を支えた。1982年に主席制が廃止されたとき、胡耀邦が総書記に就任した。人民公社解体などの改革開放路線を推進する上で、重要な役割を果たした。

1980年5月にチベットを視察したときには、その惨状に涙を流したと言われる。チベット政策の失敗を認めて謝罪し、自由化を約束した。1986年の民主化運動にも理解を示したため、87年、「知識人や学生に軟弱な態度をとった」として、鄧小平によって辞任に追い込まれた。

1989年4月に心筋梗塞で倒れ、死去した。天安門事件の始まりは、胡を追悼する集会だったのだ。

ここまではよく知られている。ただし、反政府デモは、学生だけが起こした動きではなく、一般市民の支持を受けていたものだったのだ。学生だけでなく市民も、成長の恩恵を受けていないと感じていた。

経済成長があったにもかかわらず、国民は共産党一党独裁を受け入れていたわけではないのだ。つまり、程度の差こそあれ、中国も他の社会主義国と本質的には同じ問題に直面していたのである。

鄧の基本的な考えは国家の威信回復

つぎに第2点について述べよう。鄧小平は、これよりずっと以前から、国の支配体制に関して深い関心を抱いていた。

1956年にフルシチョフが全面的スターリン批判を行ったとき、共産党の権威が失墜したことを見た鄧小平は、これは間違いだと考えた。そして、共産党の尊厳を守り抜くことが極めて重要だと考えていた。このため、鄧小平は、毛沢東を批判することがなかった。

ヴォーゲルによれば、鄧小平は、ゴルバチョフの改革に関しても批判的な考えを持っていた。改革は、政治から始めて経済に向かうのではなく、経済から先に行わなければならないと語っていた。

ところで、天安門では、1989年5月末になって、風向きが変わり始めていた。北京に来る人よりも出て行く人の方が多くなった。デモ参加者の多くは、処罰を恐れ、それが軽くなる可能性を探った。学生たちは、指導方針について意見をまとめられないでいた。

天安門広場の群衆の数は減っていったので、暴力を使わなくとも、一掃は可能だと多くの人が考えた。しかし、鄧小平は、党の権威が全国的に揺らいでいることを懸念し、「当局の威信を回復するには強行措置が不可欠」との結論を下していた。

彼は、ソ連と東欧の指導者が、国家と党の権力を維持するために手を尽くしていないと信じていた。「天安門広場に武装軍の投入を決断するにあたって、鄧小平が多少なりとも躊躇したことを示唆する証拠はない」とヴォーゲルは言っている。鄧小平は、いかに批判されても、自分の決断が正しかったことを一度も疑わなかったと、鄧の家族は語っている。

人民解放軍が国民に実弾を放つ

1989年5月末から、秘密のうちに兵士が少しずつ北京近郊に潜入した。覆面トラックで武器を隠したり、徒歩や自転車でやってきたりした者もいた。6月2日には、兵士の数が増大した。地下トンネルを通って、天安門広場に隣接する人民大会堂に到着した兵士もいた。

6月3日、鄧は、「あらゆる手段を用いて秩序を回復せよ」と総参謀長に命じた。

3日の午後6時半に、「生命の安全のため、労働者は職場にとどまり、市民は自宅から出ないように」との緊急通知がテレビとラジオで流された。この緊急通知はひっきりなしに放送され、広場でも拡声器から流された。この通知にある「生命の安全のため」という部分が極めて重要な意味を持っていることは、のちになってからわかる。

軍のトラックは市街地に近づいたものの、バリケードで阻止された。市民は軍用車のタイヤを切りつけて、動けないようにした。そして、エンジンの部品をむしり取り、レンガや石を投げつけた。

最も激しい抵抗があった大通りには、数千人の市民が集まっており、何台ものバスが装甲車の行く手を阻んでいた。軍は催涙弾を発射したが、効果はなかった。

午後10時半頃、部隊は空に向かって発砲を始めた。ただし、この時点では死者は出なかった。

午後11時、軍はついに群衆に向かって実弾を放ち始めた。

そして、トラックと装甲車が全速力で突進を始めた。行く手を遮る者をすべて跳ね飛ばして進んだ。それでも、6キロ先の天安門に到達するのに4時間かかった。

午前1時には、あらゆる方向から軍が天安門に到着し始めた。このとき、広場には約10万のデモ隊が残っていた。

軍は彼らに対して発砲を続けた。まさか実弾を撃ち込まれるとは考えていなかったデモ隊は、パニックに陥った。

午前2時には、広場の残留者はわずか数千人にまで減少してしまった。3時40分、デモ隊リーダーが戒厳部隊と接見し、平和退去を申し入れた。軍はこれに同意し、学生たちは退去を始めた。5時40分には、デモ隊の姿は完全になくなった。

中国は「異質の国家」であり続けるのか？

以上の経緯からわかるのは、「中国共産党が生き残ったのは、経済的な成功のおかげでもあるが、より本質的には、強権的な手段のためである」ということだ。ヨーロッパの共産主義国では、戦車が出動することがあっても、ルーマニアのチャウシェスク政権を別とすれば、軍が自国民に銃を向けることはなかった。天安門事件では、それが現実のものになった。

その意味で、中国という国家は、西側の国家とは異質の存在であったということができるだろう。そして、そのような本質が、中国の著しい経済発展にもかかわらず、依然として残っているのだ。残っているだけではない。ＡＩとの関連で管理が強化されている面もある。

現在の香港のデモも、基本的には天安門事件と同じ性格のものである。だから、簡単に収束しそうにない。

中国という国家の本質をこのようなものと理解するならば、それはＡＩの発展や、米中経済戦争の見通しに関して、極めて重要な意味を持つだろう。この問題は、第Ⅲ部で詳しく論じることとする。

3　1992年の南巡講話で「社会主義市場経済」を導入

「社会主義市場経済」路線で社会主義に決別

天安門事件以後、西側諸国は、中国政府の対応を非難して中国に対する経済制裁を行った。これによって鄧小平の改革開放路線にブレーキがかかった。そして、「和平演変（西側が平和裏に中国の体制を覆すこと）」を警戒すべきだとする保守派の発言力が強まった。

経済制裁が解除されても、外資の流入は回復せず、中国の経済活動は低迷した。鄧小平は引退を公言し、指導者の地位を江沢民に譲って背後に退いた。しかし、それは表面上のことであり、実際には、密かに政治活動をしていたのだ。

１９９２年1月から2月にかけて、鄧は、武漢、深圳、珠海、上海などを視察した（このとき、鄧は87歳）。各地で行った講話で、鄧は外資導入による経済建設を大胆に推進するよう力説した。これが、「南巡講話《なんじゅんこうわ》」と呼ばれる。この考えに多くの支持が集まり、イデオロギー論争に決着がついた。

鄧小平は、南巡講話を通じて「社会主義市場経済」を導入したのだ。これが現在の中国経済の基本を定めている。1992年秋の第14回中国共産党大会で、「社会主義市場経済」路線が改革の目標として確定された。翌年3月に開催された全国人民代表大会（全人代）で、保守派は壊滅した。

エズラ・ヴォーゲルは、『鄧小平』の中で、つぎのように述べている。

「鄧小平は、中国の指導者が150年間果たせないでいた使命を達成した」「鄧小平が導いた構造的変容は、2000年以上前の漢の時代に中華帝国が出現して以来の最も根本的な変化であった」

「漢以来」というヴォーゲルの評価は、大げさなものとは言えない。実際、このときに決定されたことは、現在の中国経済の基本構造を定めている。この改革の意味を把握せずに、現在の中国を理解し、将来を予測することはできない。そこで、「社会主義市場経済」路線の内容について以下に見ることとしよう。

「世界史上最大の創造的破壊」だった国営企業改革

「社会主義市場経済」路線の主要な内容は2つある。

第1は、国営企業の改革だ。中国では、何もないところに新しい産業が成長したので、既得権との調整をする必要はなかったようにも思える。しかし、実際には、過去のしがらみがあった。とくに問題だったのは、膨大な数の公的企業の存在だ。

計画経済時代には、経済活動は、全民所有制企業（国営企業）と集団所有制企業（集団企業）によって行われていた。本章の1で述べたように、すでに1990年代の改革で、「経営請負責任制」が導入されていた。

「南巡講話」をきっかけとして、国営企業の本格的な改革が進められることになった。1993年11月の第14期3中全会では、国営企業の株式会社化という画期的な決定がなされた。17世紀のヨーロッパに出現し、その後のヨーロッパによる世界制覇の原動力になった株式会社が、まったく異なる政治体制を持つ社会に導入されたのだ。

言うまでもないことだが、「生産手段の公有」は、社会主義経済の最も基本的な理念だ。そこから決別するというのは、社会主義の全面否定であるような気がする。しかし、依然として「社会主義」だというのである。その実態は、重要産業部門に国有企業が残っていることに見られる（これについては、後述する）。

1994年7月に会社法が実施され、11月には100社の国有企業が試験的に株式会社化された。1995年9月の第14回5中全会で採択された「抓大放小（大をつまんで小を放つ）」

の方針によって、政府の管理が必要ないと判断された小型国有企業を民営化した。

１９９７年の第15回党大会では、国有企業の「戦略的再編」が決定され、重要分野を除いて、大小を問わず民営化を進めることとなった。この結果、国有企業の数は、１９９７年の26万２０００社から２００７年には11万２０００社へと、大幅に減少した。エドワード・ツェ『中国市場戦略――グローバル企業に学ぶ成功の鍵』（日本経済新聞出版社、２０１１年）は、これを「世界史上、最大の創造的破壊」だとしている。

１９９０年代の後半から２０００年代の初期にかけて、それまで国営企業で働いていた約３０００万人が職を失った。彼らは、求職活動を通じて、民間企業に就職した。都市部民間セクターの雇用者数は、１９９７年の２４００万人から、10年後には８０００万人にまで増加した。

これは非常に大きな摩擦を伴う過程だったに違いない。しかし、この改革によって中国企業の生産性は高まり、その後の成長に寄与することになったのだ。

ただし、この改革で国有企業がなくなったわけではない。もともと「抓大放小」と言われていたとおり、大規模な国有企業は残されていた。

現在でも、電力、石油、銀行などにおいて、国有企業は重要な役割を果たしている。図表８－１は、２０１９年Fortune Global 500にランクインした中国企業を示す。このランキングは、企業の売上高によるものなので、伝統的な産業分野における巨大企業が上位にくる。中国石油

図表 8-1 2019年 Fortune Global 500 にランクインした中国企業

企業名	産業	世界ランキング
中国石油化工集団	化学	2
中国石油天然氣集団	石油石化	4
国家電網	送配電	5
中国建築	建築	21
中国工商银行	銀行	26
中国平安保險	保険	29
中国建設銀行	銀行	31
中国農業銀行	銀行	36
上海汽車集団	自動車	39
中国銀行	銀行	44

（出所）Global 500, *Fortune*

化工集団の売上高は4146億ドルだ。これは、日本のトヨタ自動車の売上高2726億ドルに比べて、かなり大きい。

われわれは、最近の中国を見て、フィンテックやAI関連企業の華々しい活動に目を奪われがちだ。しかし、伝統的産業では、巨大国有企業が依然として強い影響力を持っているという事実を忘れてはならない。

「海の中国」に住む華僑が成長資金を供給

南巡講話の第2の内容は、海外からの直接投資の拡大だ。農業国が工業化する場合、資本の調達が必要になる。中国の工業化にあたっては、華僑が資本供給の役割を担った。華僑とは、中国本土の外に居住する中国人だ。

華僑は中国の歴史のかなり早くから存在したが、

明と清の時代に顕著に増えた。中国の鎖国政策が、こうした人々を生み出したとも言える。その規模は、少なくとも5000万人以上と言われている。

2300万人強が東南アジア、600万人が香港、2000万人が台湾に居住している。これらの国や地域は、「海の中国」と呼ばれる。改革開放の初期の時点において、彼らの経済的実力は、中国本土の実力を上回っていた。

鄧小平は、「海の中国」を積極的に活用することを狙った。このために、経済特区が香港、台湾に近い地域に設置されたのだ。これは、1970年代末の改革開放において、広東と福建に自主権を与えるという政策によって、すでに始まっていた。

エズラ・ヴォーゲルは、『鄧小平』の中で、「鄧小平の狙いは、いまは中国本土の外に住んでいるが、広東と福建を祖先の地とする華人たちの投資を引きつけることだった」としている。同書は、鄧小平が1978年に訪日したときに、「中国を現代化する秘薬を探しにきたのだ」と冗談を言ったことを紹介している。ヴォーゲルの意見では、中国経済を離陸させる秘薬があるとすれば、それは香港だった。1979年から95年までの中国への直接投資のうち、約3分の2が香港からなされたか、あるいは少なくとも、香港と中国本土との間の「南玄関」から入ってきた。

天安門事件以降1990年代初頭までは、海外からの投資は年間40億ドルと停滞した。ところが、南巡講話をきっかけに、「開発区ブーム」「直接投資ブーム」が再来した。1992年から99年にかけて、毎年平均350億ドルの外資を吸収することができた。

第2章の2で述べたように、いまでも外資は中国経済で重要な意味を持っている。貿易摩擦で中国での生産が不利になると、外資が生産拠点を中国から東南アジアなどに移す可能性がある。また、中国が政治的に強権政策を採れば、外資は中国から逃げ出す危険がある。そうなれば、中国経済には大きな痛手だ。

中国政府は、こうしたことには極めて神経質になっているはずである。だから、香港のデモに対しても、無闇に圧力を加えることはできないはずだ。

なお、1990年代初頭までは、外資の投資は広東・福建省に集中しており、それ以外の地域では、外資の重要度は低かった。1990年には、工業生産に占める外資系企業生産額の割合は1・8％でしかなかった。しかし、南巡講話を契機に、「全方位・多元的対外開放」政策がとられ、対外開放区が大幅に拡大された。

改革開放後、中国の貿易は徐々に増加していたが、1994年以降にそのテンポが加速化した。中国は1994年から輸出ブームに沸くことになる。中国の対外貿易額は、1978年には100億ドルに満たなかった。その後30年間で、その額は300倍になった。

4　世界の工場へ

農民工が支えた製造業の急成長

１９９２年の南巡講話をきっかけに進められた経済改革によって、中国製造業の猛烈な成長が始まった。これが世界経済の構造を大きく変えた。

中国の鉄鋼の生産は、１９９５年には約1億トンで、日本とほぼ並んでいた。しかし、その後急増し、たちまち日本を抜き去った。２０１９年上半期の中国の粗鋼生産量は、約5億トンであり、世界生産の53・2％を占めている。

鉄鋼に少し遅れて、自動車の生産が成長した。すでに１９８０年代に中国3大自動車メーカーの1つの上海汽車がフォルクスワーゲンと提携していたが、１９９０年代には外資系との合弁企業がつぎつぎに誕生し、先進国の技術を取り入れて発展した。２０００年以降に生産増が本格化し、２００９年には生産台数で日本を抜いて、世界一となった。２０１８年には、中国の生産台数は２７８１万台となり、日本の９７３万台の3・2倍になった。

このように、中国でさまざまな分野の製造業が発達し、世界の工場としての地位を固めるようになった。中国の急激な工業化を支えたのは、「農民工」と呼ばれる出稼ぎ労働者だ。

中国では、従来、「農業戸籍」と「非農業戸籍」を区別し、人口移動を厳しく制限していた。改革開放前には、人々は配給制度に依拠せざるをえず、また就業先は公的企業しかなかったので、都市への人口移動は起こらなかった。しかし、自由化によって戸籍の重要性が低下すると、内陸部の農民が大洪水のように都市に殺到したのだ。彼らの移動は「盲流」とか「民工潮」と呼ばれた。

農民工は労働組合を持たず、権益の保障はなく、社会福祉の恩恵を受けることもない。そして、最悪の労働環境の中で、最低の労働条件によって、最低の収入を得た。

1995年に、私は北京と上海を訪れたことがある。朝の通勤時間の大通りは、自転車の大群によって埋め尽くされた。そして北京駅で悪夢のような光景を見て、強い衝撃を受けた。広い駅構内のいたるところに、足の踏み場もないほど人の塊ができていたのだ。彼らは、床に布を敷いて生活していた。農村から出てきた人々が、泊まる場所もなく、駅で生活していたのだ。

農民工は、数が多いだけでなく、勤勉で従順だ。朝8時前に出勤し、真夜中か午前まで働く。それでも足りずに、残業する。職を求めて来る若者が発する質問は、「残業があるか？」だ。あれば働く。なければ別の工場を探す。休日が多すぎると、休みのない工場に移る（毎月のように「連休」がある日本とは大違い！）。

「蟻族」と呼ばれる若者たちもいた。彼らは、農村からの出稼ぎである「農民工」ではなく、大学卒業者だ。しかし、深刻な就職難に直面する彼らの所得は、場合によっては農民工より低い。だから、夜遅くまで勉強して、チャンスをつかもうとした。

貧困工場、陰の工場

企業も猛烈な競争圧力に直面した。膨大な数の競争者がいる。分野を絞っても、競争相手は、数社でなく、数百社というオーダーになる。

だから、利益が圧縮される。とくに、製造部門がそうだ。付加価値は中国に残らず、外国のブランド業者や小売業者に渡ってしまう。「濡れ手に3ドル」という言葉があった。これは、中国で1ドルで生産されたものが、小売業者にわたるときは4ドルになっているということだ。

劣悪な労働環境に対しては、当然、厳しい当局の監視がある。しかし、アレクサンドラ・ハーニー『中国貧困絶望工場——「世界の工場」のカラクリ』（日経BP社、2008年）によれば、「陰の工場」という抜け道がある。法律を遵守するモデル工場の他に、第2工場、第3工場があるのだ。そこでは、残業はごく普通に行われている。監視員は、モデル工場しか見ない。陰の工場は、外国人のジャーナリストからは厳重に隠されているので、外部にその存在は知られない。

労働法を守っていては、ビジネスはできない。注文に応えるには、残業を増やすしかない。

労働規制や最低賃金は、政府の宣伝に過ぎない。地元の企業なら、地方の役人とのコネを利用して、うまくすり抜ける。これが汚職の温床になる。政治はカネになる。そして、労働者も違法残業を求める。かくして、過酷な条件下の労働が続いた。

賃金が上昇すると「中国の時代」は終わるのか？

こうした状況は、その後、徐々に変わってきた。中国の製造業の平均賃金上昇率を見ると、２００４年以降08年までの期間に、12・５％、11・８％、14・４％、16・０％、15・４％という高さだ。内陸部でも、水準は沿海部より低いが、賃金上昇率は沿海部を超えた。

これは、中国経済が「ルイスの転換点」（工業化の進展によって、農業部門の余剰労働力が底をついた状態）を迎えたために起きた現象だと言われた。２００９年夏以降、農民工を募集してもなかなか集まらない「民工荒」（労働者不足）現象が生じていると言われた。この背景には、工業化の進展だけでなく、一人っ子政策のために高齢化と少子化が深刻な問題になったという事情もあった。

こうした状況が続くと、中国生産の有利性は終わりになるので、賃金がもっと低い他のアジア諸国に生産拠点を移すべきだとの指摘もなされた。「これからはインドやベトナムやミャンマーの時代だ」という意見だ。

常識を超えたフォックスコンの巨大工場

この頃に世界の注目を集めた企業として、「フォックスコン」がある。これは、世界最大のEMSだ（EMSとは、電子製品などの組み立て作業を受託する企業）。フォックスコンは、台湾の鴻海精密工業の子会社で、アップル製品の最終組み立てを行っている。

ところで、同社の深圳工場で、2010年に5カ月あまりの間に12人もの自殺者が相次いだ。同社は「自殺しない」という誓約書を書かせたとか、従業員の不満をなだめるため20％の賃金引き上げに応じた、などのニュースも報じられた。

自殺者が相次ぐのは、確かに異常だ。しかも、同工場での勤務体制は、1日15時間労働、月給が日本円換算で1万2000円未満というものだった。

ただし、重要なのは、深圳工場の巨大さが、われわれの常識を超えていたということだ。当時の同工場の従業員は、45万人だった（中国全体では、95万人の従業員がいると言われた）。これだけの数の従業員がいるので、自殺者の総数も多くなる。自殺「率」で見れば、フォックスコンは、中国の平均を下回っていたのだ。

45万人の工場とは、われわれが知っている「工場」とは異質のものだ。これは都市である。しかも、かなり大きな都市だ（金沢市とほぼ同規模）。われわれが実感として把握できる範囲を超えているのだ。

水平分業が世界を変えた

フォックスコンのような企業は、製造業の生産方式に、根本的な変化を与えることになった。「垂直統合から水平分業へ」という世界的な動きが起きたのだ。

それまでの製造業の生産方式の主流は、大企業が1つの工場内で、工程の最初から最後までのすべての過程を行うものだった。これを「垂直統合型の生産方式」という。

しかし、中国が工業化したことによって、複数の企業が市場を通じて作業を分担することが容易になった。すべての工程を1つの企業内で行うのではなく、個々の企業は最も得意な分野に特化し、複数の企業が全体として協業しあって、あたかも1つの企業のように生産活動を行うのだ。これを、「水平分業型の生産方式」という。

中国が大量生産分野を担当して生産を行うことによって、工業製品の価格が世界的に下落した。このため、日本に生産拠点を置く企業は、コスト競争についていけなくなっていった。やがて、日本企業も中国などのアジア諸国に生産拠点を移し、そこで生産を行うようになった。

このような環境変化の中で先進国が目指すべき道は、アップルに典型的に見られるように、製造過程でコスト引き下げ競争を行うことではなく、開発や研究という付加価値が高い分野に特化し、中国企業と棲み分けていくことなのだ。しかし、これは日本型大企業が不得意な分野だった。時代が大きく変わったにもかかわらず、日本企業はそれに対応することができなかった。

『中国貧困絶望工場』は、あるアメリカ人の言葉を紹介している。「まだアメリカ国内で労働集約型ビジネスを続けているなら、いますぐに手を引く方が、出血多量で死ぬよりましだ」。

リーマン・ショックで壊滅的打撃

2008年8月には、北京オリンピックが開催された。その直後の9月15日に、「リーマン・ショック」が起きた。アメリカの投資銀行リーマン・ブラザーズが経営破綻したのだ。これによって世界的な金融危機が発生し、世界貿易が壊滅的な打撃を受けた。中国でも、それまで成長を牽引してきた輸出産業が、壊滅的な打撃を受けた。

中国経済の貿易依存度は、大変高い。輸出産業の生産が急激に縮小したことによって、2008年後半から09年にかけて、中国経済は大混乱に陥った。

「世界の工場」と言われた広東省の東莞市では、外資系などの企業の倒産、撤退が相次ぎ、玩具工場が集積していた地区は、ゴーストタウンと化した。中小企業の工場が多い深圳市でも、廃墟のような空き工場が目立つようになった。

台湾系、香港系、韓国系の企業が経営する服飾、靴、玩具などの工場の状態が急激に悪化し、未払い給与や借金を踏み倒して「夜逃げ」していることが社会問題化していると報道された。

工場閉鎖などによって、約1億3000万人の農民工のうち、15・3％が失業し、約2000万人が帰郷した。故郷の農村に帰ろうにも列車の運賃が払えないとも報道された。

株価も、惨憺たる状態になった。上海総合指数は、ピークであった2007年10月末の5954から、08年10月末の1728まで低下した。

4兆元対策で危機を克服

2008年11月9日、失業の急増に対応し、国内需要を拡大するため、中国政府は、10年末までに総額4兆元（約57兆円）規模の投資を実施するとの緊急経済対策を発表した。農村の基盤整備や鉄道・高速道路の建設、港湾整備などの財政投資の前倒しの他、銀行に対する融資規制の撤廃を行うとした。中国のGDPは2007年で3兆2800億ドルだったので、経済対策の規模はその16％程度に当たるほどの巨額なものだった。

しかし、その効果は大いに疑問だと考えられていた（私もそう思っていた）。まず、この数字は水増しだとの指摘が多かった。4兆元のうち新規事業は4分の1に過ぎず、残りはすでに決定済みの支出や、地方の予算をあてにした数字だというのである。また、中国の輸出産業は国内経済と切り離されているので、仮に4兆元政策で内需が増加したとしても、それが輸出産業を助けることにはならないと考えられた。

しかし、結果的には、中国はリーマン・ショックを克服して立ち直った。いまになって振り返ると、これは驚き以外の何ものでもない。ただし、このときの負債増は、いまにいたるまで、中国経済の深刻な問題として残っている。

第9章 アリババの大躍進

1 さえない英語教師が考えた、落ちこぼれの起業術

中国に生まれた世界最先端企業

1999年、あまりぱっとしない英語の教師が、数人の仲間とともにアパートの一室で小さなインターネットサイトを立ち上げた。それは、中国の中小企業の要求を見事につかみ、爆発的な成長を遂げた。「アリババ」という名のその企業は、世界を大きく変えようとしている。

改革開放以降、中国には、新しい企業がいくつも生まれた。とりわけ、南巡講話以降、輸出産業が急成長した。

ただし、それらの企業は、従来型産業の企業だ。アメリカで言えば19世紀末、日本で言えば高度成長期に登場した企業の中国版である。

しかし、1990年代末に、新しい動きが生じた。中国にもシリコンバレー型の新企業が登場し、急成長したのだ。その代表がアリババだ。

ここ数年では、電子マネーなどフィンテックの分野で急成長し、世界最先端の新しい世界を切り開いている。アリババは、新しい中国を象徴する存在だ。

アリババを設立したのは、馬雲（ジャック・マー）だ。1964年生まれ。学生時代には劣等生で、大学受験に2度失敗し、三輪自動車の運転手をやっていた。その後、師範学院の英語科を卒業して、故郷の杭州で、英語の教師となった。

1994年に、通訳としてアメリカを訪れたときに、インターネットと出会った。「ビール」という言葉を検索したところ、アメリカ、日本、ドイツのビールは見つかったが、中国のビールについては、検索結果がなかった。

つまり、中国では、この当時インターネットはほとんど使われていなかったのだ。これが、マーが巨大なビジネスチャンスを捉えるきっかけとなった。

中国の輸出業者に可能性を開いた

帰国したマーは、仲間とともにアパートの一室で、「チャイナ・イエローページ」を立ち上げた。ただしこれは成功しなかった。

1999年に十数人の友人を集めて、中小業者向けのeコマースサイト「アリババ」を設立した。これは、企業と企業の間の電子商取引だ（これを、BtoBという）。中国の中小企業が世界に輸出するのを容易にするのが目的だ。

1990年代以降、中国の輸出が爆発的に成長していた。ただし中国国内の中小企業がすべて簡単に輸出できたわけではない。製品を購入してくれる相手を見つけるのは、簡単なことではないからだ。

取引相手を見出すには、中国商務部と広東省人民政府が開催する広州交易会などの公式な見本市に出品するしか方法がなかった。しかし、多くの中小企業は、この見本市には出品させてもらえない。

ところが、アリババのサイトに出品すれば、中小企業であっても、大企業の下請けや系列にならずに、外国企業と取引できる。そして、世界的な水平分業に参加できる。

他方、中国企業と取引したい外国企業は、相手を見出す必要がある。フォックスコンのような大企業なら誰でも存在がわかるが、中小企業の状況はわからない。本当に適切な取引相手は、大企業ではなく、町工場かもしれない。アリババで調べれば、そうしたサプライヤーにもアプローチできる。

つまり、「中国のビール」と外国の輸入業者が入力すれば、中国のビール製造元を見つけ出すことができるようにしたのだ。

アリババのＢtoＢサイトは、中国のサプライヤーと全世界のバイヤーを結び付け、中国が世界の工場として成長していく上で重要な役割を果たした。中国の膨大な数の中小企業にとって、文字どおり「開けゴマ」となったのだ。

サイトは誰でも見られる。中国語版だけでなく、英語版もある。ここを見ると、中国の中小企業の詳細を知ることができる。

まず、提供されている商品の価格の安さに驚く。日本の小売価格の10分の1などというケースはざらにある。有名メーカーが購入している場合もあるので、粗悪商品ばかりというわけではなかろう。

また、企業の多さと、提供されている商品数の多さにも驚く。私がこのサイトを初めて見たのは２０１５年のことだが、日本企業はこういう企業と競争できるのだろうか？　と考え込んでしまった。

タオバオ、Ｔｍａｌｌの設立

アリババグループの成長は、その後、本格的になった。２００３年に、個人対個人取引（CtoC）を行う「淘宝網（Taobao、タオバオ）」を設立した（淘宝網は、「宝探し」を意味する)。これは、個人が出品して個人が買う、ネットオークション・サイトだ。

当初は小さなサイトだった。ミン・ゾン『アリババ――世界最強のスマートビジネス』(文藝春秋、2019年)によれば、マーの仲間は、サイトを賑やかに見せるために、アパートの部屋にあるものをかき集めて、フォーラムに投稿したそうだ。

2008年には、「天猫(Tmall、ティエンマオ)」を設立した。これは、楽天市場のような企業対個人(B to C)型のモールだ。タオバオには個人名義でも出店できるが、天猫には中国国内で登記された法人しか出店できない。現在では、ナイキ、ギャップ、ユニクロなど有名ブランドも出店するサイトになっている。タオバオで売られている商品には粗悪品も多く、またコピー商品や知的所有権を侵害する商品も多いと指摘されている。それに対して、天猫では高級感のある商品が出品されている。

積極的にリスクをとる

第8章の1で述べたように、1980年代に中国で新しい企業が生まれた。その経営者たちは、何らかの意味でエスタブリッシュメントの世界から出てきた人々だ。彼らは、いわば上から降りてきた人々であり、創業するときに、ある程度の事業基盤を持っていた。

ファーウェイのCEOである任正非は、中国人民解放軍の元幹部技術者だ。家庭電気器具メーカー、ハイアールグループのCEOである張瑞敏は、国有企業から派遣されてきた人だ。PCメーカーのレノボの創業者である柳傳志は、中国科学院計算技術研究所の科学者だった。彼らは、能力の点でも、そして、人脈や資金調達面でも、経営者になる条件を備えていた。

しかし、マーは違う。マーはエリートではない。マー自身が2018年4月に早稲田大学で講演したとき、「僕のように勉強ができないクズは、どこの会社にも入れない。だから自分で起業するしかなかった」と語っている。

マーのように、エスタブリッシュメントとはかかわりがなくても、積極的であればチャンスをつかめるような社会が、中国でも形成されるようになったのだ。それは、インターネットという新しい手段によって可能になったことだ。

企業家精神に満ちたワンマン経営者が、積極的にリスクをとって経営できるという意味で、17世紀にヨーロッパに株式会社が現れてリスクをとったのと同じ状況だと言える。いまの中国には、世界で最も積極的な企業家が現れていると言っても過言ではない。そして、若者たちも、大企業で働くより、起業したいと思っている。

これは、終戦直後の日本とも似ている。その頃のソニーやホンダと同じような企業が、中国に多数誕生しているのだ。

これは、原始的な資本主義経済に近い世界だ。それが共産党独占政権の下で誕生したのは、極めて興味深い現象だ。ロシアでも東欧でも、こうした現象は生じなかった。

この頃、アメリカでも、インターネットをめぐって新しい動きが生じていた。

1992年に、ブラウザの「モザイク」が発表された。

1993年に、のちに「ヤフー」となるサイトが設立された。

1998年には、グーグルが法人格を取得した。

中国でも、アリババと似た企業が多数現れた。とくに重要なものとして、バイドゥとテンセントがある。インターネットという新しい技術が生まれ、それが中国の成長とうまくタイミングが合ったわけだ。

2　強さの秘密は独自のビジネスモデル

中国のインターネット鎖国政策

中国のインターネット企業であるBATの事業は、アメリカIT企業が行っている事業の模倣だとされることが多い。アリババはアマゾンやeBayなどの摸倣であり、バイドゥはグーグルの中国版だと言われる。そして、テンセントはフェイスブックの中国版というわけだ。その他のインターネットサービスについても、アメリカのサービスと同じものを中国の企業が提供している。

ところが、これらのサービスでアメリカ企業と中国企業が競合すると、ほとんどの場合に後者が勝つ。例えば、ｅＢａｙやグーグルは、一時中国でサービスを提供していたが、その後中国から撤退した。

なぜか？　一般に言われるのは、「中国政府が外国のＩＴサービスを締め出して、インターネット鎖国しているから」という説明だ。また、「中国の企業は国の手厚い保護を受けて成長している」とも言われる。

では、中国のＩＴ企業が強いのは、政府によるＩＴ鎖国と援助のためなのか？　そうした側面をまったく否定することはできない。

中国政府は、インターネットに対して厳しい検閲を行っている。例えば、「天安門事件」という検索語で検索しても、情報は得られない。

２００６年に中国市場に参入したグーグルは、中国政府が行っているインターネット規制にどう対処するかという難問に直面した。当初は、中国政府が望まない情報を非表示にするという自主検閲を受け入れた。しかし、アメリカ国内で批判の対象となった。

２０１０年、中国政府によるネット検閲が厳しさを増し、さらに、Ｇメールが中国国内からと見られるハッカー攻撃を受けた。こうしたことがあったため、グーグルは２０１０年３月に中国から撤退したのだ。

ＳＮＳは厳しく検閲されており、フェイスブックなど西側のＳＮＳは利用できない。仮に中国にインターネット規制がなかったとしたら、テンセントなどの中国版ＳＮＳが現在のように成長できたかどうかはわからない。しかし、後で述べるように、ｅコマースでアメリカ企業が中国から撤退したのは事実だが、それは中国が追い出したからではなかった。

では、中国政府が中国ＩＴ企業の活動を積極的に支援しているという点はどうか？　これもよく言われることだ。しかし、よくよく見ると、中国のＩＴ企業が、どれも最初から当局の手厚い保護を受けていたわけではない。

少なくとも、アリババの場合には、そうではなかった。本章の1で述べたように、１９９０年代の末に中小企業向けのサイト「アリババ」が作られた。しかし、当局からは冷たい反応しか受けなかった。したがって、マーは、資金集めも自分でしなければならなかったのだ。

アリババが生き残り、成長したのは、政府の庇護のためではない。以下に述べるように、中国の事情にあったｅコマースを巧みな工夫によって作ったからだ。

ｅＢａｙとは異なるタオバオの基本的発想

アリババは、ｅＢａｙやアマゾンとは異なるビジネスモデルを採用している。タオバオでは、サービスが原則として無料で提供されている。登録料も出品料も取引手数料も、すべてタダだ。中国に2002年に進出したeBayが2006年に撤退を余儀なくされたのは、これに対抗できなかったためだ。

ただし、マーは、販売に役立つツール（アクセス解析や受注管理ソフト、在庫管理ソフトなど）は有料にした。また、集客のために広告を出すと、費用がかかる。料金を出せば検索結果の上位に置くという方法も導入された。

「どこを無料にして利用者を増やし、どこを有料にして収益を得るか」というビジネスモデルの選択は、難しい課題である。マーは、その選択に成功したと言える。

これに対して、eBayやアマゾンのビジネスモデルは、基本的には実店舗のそれと同じものだ。つまり、商品の掲載料や手数料によって収益を得ようとしている。売り手と買い手が結び付いても、eBayやアマゾンのサイトで取引をしなければ、eBayやアマゾンの収入にはならない。だから、売り手と買い手が勝手に直接取引をしないように、売り手が取引する相手は、基本的にeBayやアマゾンそのものと限定している。

ビジネスモデルにこのような違いがあるのは、中国とアメリカの基本的な社会インフラストラクチャーに大きな違いがあるからだ。

インターネットが登場したとき、アメリカでは、全国的で効率のよい透明な流通市場がすでに確立されていた。そしてクレジットカードも、ごく普通の支払い手段になっていた。

このため、ｅＢａｙやアマゾンのビジネスモデルは、それまでの実店舗が行っていたサービスをインターネットに移すことだった。インターネット上の店舗は実店舗よりも品揃えが豊かであり、レコメンデーションなどのサービスも行われる。また重い商品を自宅まで持ち帰る必要もない。これらの点で実店舗より優れているために普及した。

無料サービスで生産者と消費者を結び付けた

ところが、中国の事情はまったく異なっていた。そもそも、全国的な流通市場が形成されていなかった。また、クレジットカードのような支払い手段もなかった。さらに銀行振込のシステムも十分には発達していなかった。

その半面で、消費者へのアクセスを持たない小規模な売り手は多数いた。こうした売り手は、多数の売り手が集まる場に加わり、商品やサービスで競争できる機会を望んでいた。他方、買い手は、多様な商品にアクセスすることを望んでいた。しかし、それを実現するための手段がなかった。

だから、両者のニーズに応えて両者を結び付けることが、何よりも重要だった。それができれば大きな可能性が開けるはずだった。

「タオバオでは店舗開設も商品掲載も無料」というマーの方針のおかげで、登録企業数が急速に増加した。一方、買い手も、タオバオにはありとあらゆる商品があることに気づき、大挙してアクセスしてきた。

中国では原始的な取引しかできなかった

ただし、これだけで成長できるほど事態は簡単ではない。売り手と買い手が結び付いても、簡単には取引ができなかったのだ。

2000年代の初め頃の中国には、安心して取引ができる社会的な仕組みがなかったからだ。銀行の当座預金口座はなく、クレジットカードはごく限られた人々が持っているだけだった。

このため、初期のタオバオの取引は、同じ都市内での、オフラインの小規模な取引に限定されていた。買い手と売り手はオンラインで互いを知った後、直接に会い、品物を確認し、そして代金と交換していた。こうした取引は、時間とコストがかかり、著しく非効率だ。

それだけでなく、詐欺やごまかしが多かったのだ。『アリババ』によると、「売り手が、買い手と待ち合わせをした約束の場所に商品を持参したところ、自転車でひったくられた」というようなことがいくらもあったそうだ。

このように物理的に品物と代金を交換するというのでは、成長の可能性は限定される。取引はローカルなものでしかありえず、中国全土にわたる取引を実現することは、到底できない。

そこで導入されたのが、エスクローという仕組みだ。そして、これがのちに、アリペイを作っていくことになる。これについて、つぎで述べることとしよう。

3 アリババ「独身の日」で4兆円の売上

イオンの半年分の売上を1日で達成

11月11日は、中国では特別な日だ。この日は、1が並んでいることから、「独身の日」とされる。これは、中国の公式の祝日ではない。アリババグループがお祭り騒ぎのセールスを行う日だ。2019年の「独身の日」の売上高は、なんと日本円換算で、4兆1000億円になった。

日本で売上高が第1、2位のイオンとセブン&アイ・ホールディングスの年間売上高は、それぞれ8・5兆円と6・7兆円だ。これらの半年分の売上高を、わずか1日で実現したことになる。

アリババの「独身の日」の売上高は、2017年には2・8兆円、2018年には3・5兆円だった。2017年の「独身の日」について、ミン・ゾンは、『アリババ』の中でつぎのように述べている。

「この日に出荷した荷物は、約8億個。それが、中国だけでなく、世界に届けられた。これらの荷物をすべて並べると、地球を1200周する。荷物の移動距離は、地球と冥王星の間の40往復を超える」

そして、「これは単なるマーケティングの奇跡ではなく、技術的な偉業でもある」と述べている。確かにそのとおりだ。これだけの量の取引を支障なく行うためには、想像もつかないほど高度の技術的な仕組みが必要とされるだろう。これこそが、ジャック・マーがこの20年間に作り上げたシステムなのだ。

エスクローの導入で取引が拡大

本章の2で述べたように、マーがeコマースのサイトを作りはしたものの、当時の中国には、安全な商取引を行う基本的なインフラがなかった。このため、取引を全国的なものに広げることができなかった。

これを克服するためにマーが導入した仕組みが、今日の「独身の日」につながっている。それだけではない。電子マネー「アリペイ」の誕生につながり、いま、マネーの世界を大きく変えつつあるのだ。

2003年当時の中国では、タオバオのサイトを通じて売り手が買い手を見出したとしても、「品物を送付して代金をクレジットカードで受け取る」という先進国型の取引はできなかった。売り手と買い手が実際に会って取引をし、商品と代金を交換していた。しかし、ひったくりなどの事故もあった。

そこで導入されたのが、「エスクロー」だ。エスクローの仕組み自体は、昔からあったものだ（1940年代に、アメリカで住宅など不動産取引の決済保全制度として生まれた）。マーは、この仕組みを応用したのである。タオバオの場合には、つぎのようなものになる。

・まず買い手は、タオバオに代金を預ける。このため、タオバオの銀行口座に代金を振り込む。
・振り込みの通知がタオバオから届いたら、売り手は、商品を買い手に送る。
・買い手が商品を受け取り、その品質を確認できたら、タオバオが預かっていた資金は、売り手に支払われる。
・もし買い手が受け取った商品が不良品であれば、預けた代金はタオバオから買い手に戻される。このため、取引相手に不信感を持っている買い手も、安心して購入資金を預けられる。また、購入代金はすでにタオバオに預けられているので、売り手としては、「商品を引き渡したものの、代金を取り損ねた」という事態を避けることができる。

このようにして、出店者が誰であろうと、買手が誰であろうと、そしてお互いが遠隔地にいようと、取引できるようになったのだ。こうして、同じ都市に住む数千人同士の取引ではなく、中国全土の数億人を相手に商品を販売できるようになった。

電子マネー、アリペイの誕生

ただし、この仕組みは銀行口座を用いているので、手数料が高くなる。マーはその引き下げを要求した。しかし、銀行はそれに応じてくれなかった。銀行は国営企業の流れをくむ大企業であり、マーのような新参者の要求を受け入れようとしなかったのだ。

そこでマーは、２００４年12月、電子マネー「アリペイ」を作った。これを、タオバオでは無料で利用できるようにした。アリペイは、その後急成長し、タオバオ以外の取引でも用いられるようになった。

さらに、ｅコマースだけではなく、リアルな店舗での買い物の支払いや、レストランでの支払いなどにも使われるようになった。現在は、電気、ガスなどの公共料金やタクシーなど、あらゆる場所で使われるようになっている。中国の利用者は10億人を超えており、利用者は東南アジアにも広がっている。

「二流のプロ集団が一流の仕事をしている」

マーがやったことは、ユニークなものが多く、ユーモアが感じられる。まず名前の付け方だ。「アリババ」という名は、「これが中国の中小企業にとっての『開けゴマ』になるから付けた」というのだが、実にうまいネーミングだ。

かつてアリババに勤務した人が、アリババを評して「結党当時の中国共産党に似ている」と言ったことがある。その意味は、「二流のプロ集団が一流の仕事をしている」ということだ。たしかに発足当初はそうだったのだろう。「アパートの部屋にある品物をかき集めて、サイトを賑やかにした」などという話を聞くと、「二流のプロ集団」の姿が彷彿とする。

もちろん、現在アリババで仕事をしている人々は、「二流のプロ」とは言えない。ＡＩを駆使し、われわれには想像もつかないような最先端の世界を広げつつある。

しかし、「二流のプロ集団」の雰囲気は残っているように想像される。「独身の日」のセールスも、その一例だ。これは、それまでも中国の学生の間で言われていたジョークだから、多くの人が知っていることだったのだろう。

ただし、それを取り上げて、ビジネスに結び付けるのは、真面目一方の研究者やエンジニアには思いつかないことだ。巨大で最先端になりながら、そうしたことができる企業は強い。

ニューヨーク証券取引所に上場

アリババは、2014年9月、ニューヨーク証券取引所に上場した。時価総額は2300億ドル（約25兆円）になった。2012年に上場したフェイスブックを超え、史上最大級の株式公開となった。11月には上場後初めての決算を発表。時価総額は約2550億ドル（約29兆円）に膨張した。これはジェネラル・エレクトリック（GE）とほぼ同水準で、アメリカの市場でもトップ10に入る大きさだった。

2019年11月現在の時価総額は、アメリカ株のランキングとして第4位だ（2種類あるアルファベットの株式をまとめると、アリババは第5位になる）。時価総額は4742億ドルだ。日本で時価総額が最大であるトヨタ自動車が第37位で1996億ドルであることと比較すると、アリババの時価総額の巨大さがわかる。

ジャック・マーは、中国本土の起業家として初めて、『フォーブス』の大富豪リストに掲載された。2018年度のランキングでは、マーは中国第1位。資産額は346億ドルにのぼる。

2019年9月には、引退を表明した。そして、「英語の教師に戻る」と言っているそうだ。

第Ⅲ部

未来への驀進に危険はないか？

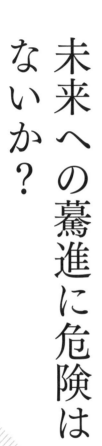

第10章 信用スコアリングの光と陰

1 電子マネーの普及と金融包摂

中国では、電子マネーを使わなければ生活できない

仕事で頻繁に中国に行く人から聞いた話だが、中国で仕事をしたり旅行したりする場合、アリペイやウィーチャットペイという電子マネーを使わないと、不便きわまりないので、使わざるをえないそうだ。

後で述べるように、これによって個人データを収集されることになる。しかし、そうした危険を知っていても、どうしようもないのだという。

中国では、高齢者と子供を除くと、ほぼすべての人が、これら2つの電子マネーのアプリを持っている。どこの店で買い物するにも、これらが必要だ。利用者は、アリペイもウィー

チャットペイも10億人近い。この2社の2018年の決済額は、170兆元（約2550兆円）にのぼる。

電子マネーから得られる情報は極めて有用

アリペイの発展によって、アリババは単なるウェブ上の巨大なマーケットではなく、金融サービスにおいて、極めて重要な存在になった。

アリペイは、単に決済手段としてだけでなく、ビッグデータを収集する手段として重要であることがわかってきた。それを利用して、さまざまな新しい事業が始まっている。

現金通貨には匿名性があるが、電子マネーにはない。だから、電子マネーでの取引によって、膨大なデータが集まる。これは、ビッグデータとして活用できる。これまでビッグデータとして利用されていたのは主としてSNSから得られるデータだが、それより詳細で正確だ。

香港のデモでは、参加者が地下鉄の切符を買うのに、電子マネーを用いず、現金を用いたそうだ。電子マネーの利用履歴という情報は、それほど強力なのである。したがって、電子マネーの利用によって集まる大量のデータを利用すれば、さまざまなサービスが可能になる。

そうしたことが、中国では実際に行われている。つぎに述べるように、アリババもテンセントも、信用スコアリングを行っているのだ。この結果は、融資の審査に用いられる。

スコアリングとは、収入や年齢、勤務先などの個人属性と、サービスの利用状況によって、特定の人に点数をつけることだ。ＡＩがビッグデータを用いて特定の人の属性を推定することを「プロファイリング」というが、信用スコアはその一種である。

アリペイの場合は、アリペイの決済データの他、ネットショッピング淘宝網の利用状況や、公共料金の支払い状況なども、勘案してスコアリングされる。テンセントの場合は、ＳＮＳのデータも用いられる。

信用スコアリングを用いた融資が成長

実際のサービスとしては、アリババグループが提供する「芝麻信用（ジーマクレジット）」がある。２０１５年1月に始まり、２０１８年時点でアクティブユーザーが5億２０００万人だ。

テンセントは、信用スコア「微信支付分（WeChat Pay）」を２０１９年1月に発表した。北京、上海、広州、深圳の4都市ではすでに利用できる。２０１９年中には中国全域で利用できる予定だとされた（テンセントは、「騰訊信用（テンセントクレジット）」という信用スコアを２０１８年1月にリリースしたが、これは1日で中止された）。

実際に融資を行うのは、アリババ系は浙江網商銀行（MYBank、以下「網商銀行」）、テンセント系は微衆銀行（WeBank）だ。

網商銀行は、オンライン銀行として主に中小零細企業向けのローンを提供する。２０１５年５月に設立認可された。微衆銀行は、２０１４年に民間ネット専業銀行として設立認可された。両行を合わせると、融資残高は、２０１８年末で、１７００億元を超えた。

金融包摂の実現

信用スコアに大きな利点があることは、間違いない。担保がないためにこれまで融資を受けることのできなかった自営業者や零細企業が、融資を受けられるようになったからだ。個人融資も可能になる。これまで融資などの金融サービスを受けられなかった人々が、受けられるようになることは「金融包摂（Financial Inclusion）」と呼ばれる現象で、望ましい動きだ。

従来の中国では、「信用の欠如」が経済発展にとって大きな障害になっていた。そのため、国民の大部分は金融サービスを受けることができなかった。そして、「利用履歴がないために信用度が評価できず、そのために金融サービスを受けられない」という悪循環に陥っていたのだ。これを信用スコアが解決しつつある。スタートアップ企業も、資金調達できるだろう。こうして経済発展がさらに加速される。

電子マネーによる信用スコアでは、所得が高く資産を多く持っている人は点数が高くなる。

これは、究極的な資本主義（市場主義）だと考えることもできる。

しかし、資産や所得によらず人々は経済的に平等というのが、共産主義の理念であるはずだ。共産主義国である中国で、その理念の対極にあるものが爆発的に広がっているのだ。真面目に考えれば頭が壊れるほどの事態が中国で進行していることになる。

比較にならぬほど遅れる日本

日本では、電子マネーの普及が遅れている。日銀の資料によると、２０１８年の電子マネー決済額は5兆４７９０億円だ。日本は中国の５００分の1以下ということになる。政府はキャッシュレス決済の比率を２０２５年までに40％に引き上げる目標を掲げているが、実際は20％程度だ（キャッシュレス推進協議会）。

ポイント還元策と関連してようやくＱＲコード決済の電子マネーが使われ始めようとしている段階だ。ところが、セブンペイ問題でつまずいてしまった。セブンペイは不正利用問題のために、２０１９年9月末のサービス停止に追い込まれた。

ＱＲコード統一化も、もたついている。ペイペイとＬＩＮＥペイは、ＱＲコード統一規格への参加を見送る方針を固めた。ペイペイはアリペイと連携しているし、ＬＩＮＥペイはウィーチャットペイを加盟店のＱＲコードで利用できるようにしたためだ。

信用スコアリングは、日本でも始まっている。Jスコアは、みずほ銀行とソフトバンクの合弁会社が提供するサービスだ。年齢、性別、学歴、勤務先の業種と職種、正社員か、持家か、などの情報を入力し、AIによってスコアを判定するとされる。これによって融資の金利が決まる。

LINEスコアは、2019年6月にリリースされたサービスだ。年齢、性別、未既婚、子供の有無、住居タイプ、職業、業種、会社規模、年収、社会保険の種類などの情報をアンケートによって取得し、これとLINEプラットフォーム上での行動特性からスコアリングを行う。これによって、融資額上限や利率が決まる。

どちらも、電子マネーの利用履歴という強力な客観的データを用いるものではない。主として利用者からの申告情報を用いる。しかし、こうした情報について、自分に有利になる虚偽情報が申告されていないかどうかをチェックできるのだろうか？　日本では電子マネーが普及していないので、ビッグデータとして用いることができる電子マネーのデータがないのが問題だ。

信用スコアリングは、昔からあったものだ。日本では、1998年に、東京都民銀行がクレジットスコアリング型融資を開始し、メガバンクもスコアリング型融資に取り組んだ。しかし、大量の不良債権が発生したため、2006年頃からは各行とも抑制に転じた。新銀行東京では、スコアリング貸出によって、巨額の赤字を抱えた。いま日本で始まっているスコアリングが、このときのものとどう違うのか、あまり判然としない。

2　信用スコアの潜在的危険

利点もあるが危険もある

本章の1で述べたように、信用スコアは大きな利点を持つ。金融包摂が広がる限りでは、問題はない。

クレジットスコアは、以前から先進国には存在していた。例えば、アメリカの「FICOスコア」は有名だ。ただし、これらは、クレジットカードやローンの審査のためにしか使われなかった。

問題は、信用スコアがそれ以外のさまざまな用途に用いられることだ。芝麻信用の場合には、金融以外の利用が広がっている。

スコアが高いと、融資を受けられる他に、さまざまな特典が受けられる。例えば、病院の優先的予約ができるとか、海外旅行に行ったときの免税申請を並ばずにできる、などだ。

また、シェアサイクルやレンタカー、本の貸出サービス、あるいはホテル宿泊などでのデポジット（保証金）の免除、雨傘の無料レンタルなどがある。また、賃貸物件の契約で敷金が不要になったり、一部の国（シンガポールやルクセンブルク）のビザ取得が容易になるなどの利点もある。

このような特典が受けられるので、スコアを高めるため、交友関係や、免許証、不動産所有の証明書などの情報を提供する人も多い。

信用スコアリングがさらにさまざまな場面で用いられるようになると、問題は拡大する。企業の採用で合否判定の資料として使われないという保証はない。中国の多くの有名企業が、採用時に芝麻信用の点数を考慮すると公言している。「信用スコアが低いと結婚もできない」と言われるほど、大きな影響を持つようになりつつあるのだ。

こうなると、スコアの低い人は就職できず、スコアがさらに下がるという悪循環に陥り、社会から締め出される危険がある。

SNSの情報が用いられれば、反政府的な考えを持つ人のスコアリングが低くなるだろう。そうなれば、国家統制が強化される危険がある。

政府版の社会信用システム「百行征信」

中国政府は、2014年に公表した「社会信用制度の構築に向けた計画概要」において、「2020年までに国家規模の社会信用システムを構築する」と発表した。この実現のため、中国政府は、「百行征信（バイハンクレジット）」を2018年1月に設立した。この目的は、保険料の未納や賠償金の未払いなどを行った人のブラックリストを作成し、ペナルティを科すことだ。

中国政府系の業界団体である「中国インターネット金融協会」が株式の36％を保有し、64％を中国人民銀行から信用調査業務の試行を許可された8社が保有する。8社の中には、アリババ系の「芝麻信用」やテンセント系の「騰訊征信」も含まれる。

百行征信と、芝麻信用などの民間の信用スコアリングとの境界は曖昧だ。信用調査機能は、今後、百行征信に統合されていくだろうとされている。

すると、信用情報が警察や公安と共有される可能性がある。そうなっているかどうかはわからないが、その可能性は十分にある。こうなれば、全国民のデータを蓄積した社会的信用システムが構築される可能性がある。

電子マネーの顔認証から得られる顔情報、電子マネーの利用状況から作られる信用スコアリング、そして、社会信用システム。これらのすべてが結び付くと、巨大な管理社会が実現する可能性がある。中国は、いまその方向に向かって進んでいると考えることができる。

便利さと管理社会化のどちらをとるか？

中国では、「顔認証や信用スコアリングはよいことだ」と考えている人が多いようだ。本当にそう考えているのかどうかはわからないが、少なくとも、そのように報道されている。

中国は、これまで人を信用することができない社会だった。だから、信用スコアリングが導入されれば、社会が透明化される。このため、それが国家による管理に使われるという危険に対する警戒心が、あまりないのではないかと思われる。

信用スコアリングが広がれば、悪い人がいなくなり、良い人が得をするのだという。もちろんそういう面はあるだろう。しかし、「良い、悪い」が、どのような基準によって判断されるかが問題なのだ。

反政府的な意見を持つ人のスコアが低くなることは、十分に考えられる。そうなれば、中国共産党への絶対服従を確実にするための社会監視制度になる。ジョージ・オーウェルが『一九八四年』（早川書房、２００９年）で描いた「ビッグ・ブラザー」の世界だ。

欧米では、顔認証や信用スコアリングはプライバシーの侵害や人種差別を助長するとして、規制強化の方向に動いている。欧州連合（ＥＵ）が２０１８年に施行した「一般データ保護規則（ＧＤＰＲ）」は、顔データは特別な保護が必要な「生体データ」であるとして、取り扱いを厳しく制限した。また、「プロファイリングされない」権利が認められるべきだとしている。

アメリカでは、サンフランシスコなど４都市が、警察など公的機関による顔認証システムの利用を制限すると決定した。

しかし、顔認証や信用スコアリングなどが今後、われわれの生活のさまざまな場面に広がっていくことも間違いない。それらがもたらす便益とプライバシー保護のバランスをどうとるかは、難しい問題だ。

日本には管理社会の心配はないのか？

こうした問題があるにもかかわらず、中国人は、信用スコアリングに抵抗感を持たないようだ。前述のように、スコアを高めるために、個人情報を自ら積極的に提供している。

日本では、このような形で個人が評価されることに対して、否定的な考えを持つ人が多いだろう。欧米でもそうだ。

これまで述べたように、日本では電子マネーも普及しておらず、その利用データを用いたプロファイリングもなされていない。それなら管理社会の危険もないわけで、そのことをありがたく思うべきなのだろうか？　日本ではキャッシュレス化が遅れているので、管理社会化の危険はないと考えられるかもしれない。

しかし、そう安心してもいられない事件が起きた。就職情報サイト「リクナビ」を運営するリクルートキャリアが、就活学生の「内定辞退率」を、本人の十分な同意なしに予測し、38社に有償で提供していたのだ。

予測データの利用について、リクナビは、「採用の合否判定に使わないことを同意した企業にのみ提供していた」としている。しかし、実際に使われなかったことをチェックできるのだろうか？　データは、1企業あたり、年間400万から500万円というかなり高い金額で売られたという。こうした高価なデータを企業が買ったのは、合否判定に使うためではないのだろうか？

ウェブサイトの閲覧記録から内定辞退率を予測したというのだが、こうした予測をするためには、閲覧記録と辞退率に関する大量の個人データを集め、内定辞退率を閲覧記録から予測できるモデルを構築する必要がある。だから、このモデルの作成者は、個人ごとの内定辞退データを持っている必要がある。

このような作業が本当に行われているとすれば、データ流出や不正売買の問題が生じた場合には、個人ごとの内定辞退データが流出することになる。これは、AIを用いてプロファイリングされたデータではなく、直接の個人データだ。プロファイリングされたデータが使われるより危険なことである。

3　顔認証決済と監視社会の危険

顔認証決済ができる店舗が広がる

中国の電子マネーは進化を続けている。その1つが、顔認証決済だ。ＡＩの図形認識能力の発達によって、人間の顔を識別できるようになっているが、その技術を応用したものだ。

２０１７年9月1日に、アリペイが、杭州市のフライドチキンチェーン店舗で、「Smile to Pay（スマイル・トゥ・ペイ）」というサービスを導入した。これは、世界で初めての「顔認証支払い」だ。利用者は最初に携帯番号を入力すると、そのあとは、スマートフォンを使わなくとも、店舗にある装置に顔を認識させるだけで決済できる。複数の人が写っていたり、髪形が登録時と異なっていても、正確に認証する。

中国は、いま顔認証技術で、世界の最先端にある。アリペイで用いている顔認識システムは、中国のスタートアップ企業の曠視科技（Megvii、メグビー・テクノロジー）が開発したものだ。

メグビーは、アリババとアント・フィナンシャル（アリペイを運用するアリババの子会社）から資金を受け入れた。アント・フィナンシャルとテンセントは、顔認証ソフトを開発するいくつかの企業に出資している。商湯科技（SenseTime、センスタイム）はアリババから数億ドルを調達した。

その後、このサービスは急速に広がっている。アント・フィナンシャルは、2018年12月に、顔認証決済端末「蜻蜓（ヤンマトンボの意味）」を1199元（約1万8000円）で発売した。これは、書籍サイズの顔認証モニターで、店舗のレジに接続すれば、顧客は顔をカメラに合わせるだけで支払いが完了する。

続いてテンセントも、2019年3月、QRコードでも顔認証でも決済が可能なウィーチャットペイの顔認証ユニット「青蛙（カエルの意味）」を発売した。このように、激しい競争が続いている。

アリペイまたはウィーチャットペイを利用できる顔認証装置は、中国各地の自動販売機や食料雑貨店、病院などで広がっている。蜻蜓は、すでに1000近くのセブン－イレブン店舗に導入されている。切符を使わずに顔認証で改札を通れる地下鉄も増え、顔認証決済の利用登録者は1億人を突破した。

顔認証によるさまざまなメリット

顔認証は、小売店の業務を効率化する。QRコード決済では1人あたりのレジ処理時間が5・6秒かかったが、顔認証では、それが2・8秒に短縮されるという。商店側にすれば、レジの処理時間が短縮されることによって、人件費を抑えることができる。客の立場からすれば、行列で待たされる時間が短くなるわけだ。また、店員がいない無人店舗が可能になる。

顔認証のもう1つの利点は、客のデータを自動的に収集できることだ。決済をするだけで、自動的に客が誰であるかを把握できるのだ。これによって、さまざまなことが可能になる。例えば、クーポンなどの優待策だ。これまでは、クーポンを配布するために会員カードを使っていた。しかし、客がカードを提示してくれなければ、クーポンを配布できない。それに対して、顔認証では、カードの提示がなくとも、客に優待クーポンを直接に配信できる。

これ以外にも、客のデータが収集できれば、品揃えに用いたり、個別の販売促進策を行うことなどが可能になる。

警察に使われれば「超監視社会」が実現しないか？

ところで、顔認証決済の利用には、事前に自分の顔写真をスマートフォンに登録し、顔決済サービス提供企業に提供する必要がある。つまり、顔情報という貴重な個人情報が、企業に渡るわけだ。

顔情報が自動支払いや店の無人化に使われるだけであれば、問題はないだろう。しかし、そうした利用に限定される保証はない。

中国では、２０１７年に「国家情報法」が施行された。これによって、国家の安全保障を脅かすと判断された場合、政府は企業から情報提供を受けることが可能になった。中国政府はこれを根拠に、さまざまな個人情報を企業から入手していると言われる。

パスワードなら変更できるが、顔情報は変更できない。だから、顔情報を用いれば、政府は監視カメラなどで捉えた個人を正確に特定できるわけだ。

監視カメラと顔情報データベースを連動させれば、犯罪者だけでなく、あらゆる国民の動きや居場所などを正確に把握し、監視することが可能になる。「超監視社会」が実現する危険があるわけだ。

これは、すでに現実化しつつある。中国の警察当局は、顔認証技術を用いて人混みなどで容疑者を発見できるハイテクのスマートグラスを導入している。このサングラスにはカメラが付いており、容疑者と思われる人物の顔を撮影すると、警察本部のデータベースとの照合がなされる。データベースには、容疑者の氏名、性別、住所、民族などの個人情報が保存されており、撮影された人物が逃亡中なのかどうかも即座に判別する。

このシステムを用いて、南昌市で開かれたコンサートに集まった5万人の群衆の中から、警察官が犯人を発見、逮捕に至ったというニュースが報道された。

日本では、２０１８年のハロウィンで、東京・渋谷で軽トラックを横倒しにした容疑者を逮捕するまでに1月余りかかった。中国なら瞬時に捕まってしまっただろう。

空港では、乗客確認のために利用され、鉄道の駅では人身売買を行う犯罪者を見つけるために用いられているという。また、街角で交通違反をすると、即座に警告が出るという話もある。中国本土への抗議デモが行われている香港では、参加者がマスクや帽子を着用している。監視カメラで行動を監視されないようしているのだ。

日本の空港で導入するシステムとの違い

「日本でも、空港で同じようなシステムを導入するではないか。また、スマートフォンの本人確認のためにすでに顔認証が使われているではないか」との指摘があるかもしれない。確かに、成田空港では、２０２０年春から日本航空と全日本空輸が、ＯｎｅＩＤという顔認証システムを導入する。乗客がチェックイン時に顔写真とパスポート情報、搭乗券情報を関連付けると、情報は認証システムに格納される。そして、保安検査場の入口や搭乗口などで、歩きながら撮影した顔写真を認証システムの情報と照合して本人確認する。このシステムが導入されると、チェックイン後は搭乗券やパスポートの提示が不要になる。

これは一見したところ、中国の顔認証と同じように思われる。しかし、大きな違いがある。それは、顔認証が終了した段階で、データが廃棄されることだ。つまり、顔情報が保存されて、その後も用いられるということはないのである。

また、顔認証によるスマートフォンの本人確認も、すでに実用化されている。しかし、顔の情報は、その端末に保存されているだけだ。したがって、それが他の目的のために使われることはない。

中国の顔認証のシステムでは、顔情報という重要な個人情報が、永続的に第3者の手に渡るわけで、空港やスマートフォンの顔認証とは本質的に異なるものだ。このことの重要性は軽視できない（なお、日本でも銀行が顔認証の本人確認サービスを導入し始めている）。

4 新しい情報技術の光と陰——中国は特殊か？

市場経済のインフラが未発達だった

いかなる技術も、プラスとマイナスの側面を持っている。中国との関係でとくに問題となるのは、「AIやビッグデータという情報関連の新しい技術に関して、中国の社会構造が有利に働くのではないか」ということだ。これは、未来世界の基本原理にかかわる根源的な問題を提起する。以下では、この問題を広い観点から考えよう。

伝統的な地域社会においては、その構成員は、お互いのことをよく知っていた。しかし、それは自由が束縛される社会でもあった。

人々が都市に住むようになって、自由な社会が作られた。それは、半面において匿名社会でもある。そこでは、取引相手についての情報を十分には得られないという問題が生じた。

これは、経済学で「情報の不完全性」とか、「情報の非対称性」として問題にされてきたことだ。市場取引を行うためには、相手のことを知り、信頼できるかどうかを評価することが必要だ。情報が不完全な社会で、これをどのようにして行うかが、近代社会の大きな問題だった。

中国では、とりわけこれが大きな問題であった。社会主義経済が長く続いたことから、市場経済のインフラストラクチャーが未発達だったからだ。

アリババが作ったeコマースサイトのタオバオで、最初はオンラインだけでは取引が完結しなかったというエピソード（第9章の1参照）が示すように、信頼に基づく取引ができないような社会だったのだ。また、多くの人が金融サービスにアクセスできなかった。

ITによる市場の透明化が持った重要な意味

そこにインターネットが登場した。インターネットの世界においては、対面取引の場合よりも、取引相手の信用が難しい。なりすましなどが簡単にできるからだ。

これは、2つの方法で解決された。1つは、アマゾンやアリババのように巨大化した企業であれば、信頼を獲得できることだ。中国でこれまでeコマースが発展したのは、アリババが巨大化したからだと考えられる。

いま1つは、AIによるプロファイリングだ。これによって取引相手がどんな人かがわかるので、安心して取引できるようになった。信用スコアによって個人や零細企業に融資ができるようになったのは、その一例だ。

これは、情報の不完全性の問題を克服し、市場を透明にする機能を果たしている。これは、明らかに望ましい変化だ。ITのプラスの側面は、中国において重要な意味を持った。中国は、それによって成長を加速したのである。

管理社会の危険

しかし半面で、これはプライバシーの侵害という問題を引き起こした。これが、信用スコアリングや顔認証について、現実の問題となりつつあることだ。それは、管理社会や独裁政治を可能とするものだ。

中国の場合には、少数民族対策や反政府的な考えの人々を取り締まるために使われる危険が大きい。これは、中国がこれから直面していく問題である。あるいは、すでに直面している問題である。

ただし、ITやAIがもたらす問題は、中国だけが抱えているものではない。自由主義経済と民主主義政治を基本にする国家においても、問題が生じつつある。

ビッグデータを用いたプロファイリングが行われ、これまではターゲティング広告に使われてきた。その利益は、GAFAを代表とする一部の巨大プラットフォーム企業に集中した。これがいま問題とされ、ビッグデータ利用の規制やデジタル課税の論議を引き起こしている。

さらに、より明確なマイナス面も顕在化している。

それは、スコアリングやプロファイリングが悪用され始めているからだ。ケンブリッジアナリティカという調査機関によって、フェイスブックの情報が悪用され、アメリカ大統領選において利用されたという問題が生じた。本章の2で述べたように、日本でも、就職情報サイト「リクナビ」を運営するリクルートキャリアが、学生の内定辞退率を予測したデータを企業に提供していたという問題が起きた。

ビッグデータという新しい問題

なぜこのようなことになったのだろうか？　それは、ビッグデータの性質に起因する面が強い。

IT革命が始まった頃、これによって社会がフラット化すると考えられた。それまでの大型コンピュータからPCになったので、個人でもコンピュータを使えるようになった。また、インターネットは、世界規模での通信をほとんどゼロのコストで可能にするものであったため、大企業の相対的な地位が低下し、個人や小企業の地位が向上すると考えられたのだ。

しかし、実際には、利益がGAFAなどの一部の企業に集中している。これは、ビッグデータを扱えるのが大企業だけだからだ。

ビッグデータとは、SNSの利用経歴などからAIの機械学習のために蓄積された膨大なデータだ。これによって、プロファイリングなどを行う。個々のデータを取ってみればほとんど価値がないが、それが膨大な量集まれば、そこから経済的な価値を引き出すことができる。

このようなことは、個人ではできない。GAFAのような巨大なプラットフォーム企業において初めて可能なことである。このためにGAFAが利益を独占したのだ。

ビッグデータは、比較的最近登場したものなので、その取り扱いについての社会的なルールが確立されていない。それをプラットフォーム企業が勝手に使ってよいのか？　あるいは、個人データの所有権は個人にあるのか？　こうした問題をめぐってさまざまな議論がなされている。

GAFAの規制や、プロファイリング禁止等の考えが出されている。しかし、いずれも実効性のあるものになるとは考えられない。

新しい情報技術の望ましい面や、経済活動を効率化する面を利用しつつ、しかもそれによる弊害をどのようにしてコントロールできるか。これは簡単な問題ではない。これまでとは違うルールが必要になる。それは社会のかなり基本的な仕組みの変更を要求する問題なのかもしれない。

中国はAIに適している社会なのか?

自由主義諸国に住む多くの人々は、つぎの2つが望ましいと考えている。それは、政治的には投票と多数政党による民主主義。そして、経済的には自由な取引が行える市場経済だ。

改革開放以降の中国の経済成長は、政府が主導したというよりは、新しく誕生した企業によって実現された。とくに、最近では、IT関係のユニコーン企業の躍進が目覚ましい。それは、市場経済の優位性を証明するようにも思える。

しかし、ビッグデータは、大企業や政府でないと収集・活用できないとなれば、従来の自由主義経済の基本概念である分権的な決定メカニズムに対して、基本的な疑問が生じる。ビッグデータについては、中国が他の社会より集めやすいのだ。

それはまず、中国の場合、メリットが大きいことから人々が受け入れているということによる。自由主義諸国ではプライバシー侵害の弊害が強く意識されるが、中国ではプロファイリングのプラス側面が強く意識されるのだ。それだけではなく、政府の力が強いこと、人々がプライバシーの保護をあまり重要と考えていないなども影響している。

もしそうだとすると、AIの進歩のために有利なのは、自由主義的な経済ではなく、中国のような社会だということになるのかもしれない。少なくともこれまでの経緯を見る限り、ビッグデータに関する中国とその他の国の違いは明白だ。

アメリカが中国に対して大きな懸念を持つ理由は、この点にある。AIは軍事技術にも直結するので、アメリカは強い危機感を抱いている。

民主主義と市場経済の優位性は揺らぐのか？

これまで多くの人は、中国も豊かになれば政治的にも自由化するだろうと考えていた。独裁政治と市場経済が結び付けば、腐敗が生じる。そして経済が停滞する。だから、自由化は不可避だと考えていたのだ。

しかし、中国においては一向に自由化の動きが生じない。天安門事件以来、自由化は封鎖されたように見える。SNSが普及すれば、政府への批判もできるようになるから、民主化ができると期待していたが、そうもなっていない。これまでの中国国民がプライバシーに関心を持たなかったとしても、それは中国の特殊性なのではなく、豊かになってくれば自由主義諸国と同じようになっていくという考えもあるが、そうした動きが生じているようにも見えない。

民主主義社会、市場経済の方が望ましいという基本信念が、いま揺らいでいるのかもしれない。これは、未来社会の基本的な姿を決める上で、極めて重要な問題である。

第11章

中国スタートアップ企業の目覚ましい躍進

1 成長を続ける中国フィンテック

フィンテックで中国は世界のトップに

中国では、電子マネーや信用スコアリングの他にも、さまざまな新しいフィンテック（金融部門におけるＩＴの活用）のサービスが登場している。

「フィンテック１００」というリストがある。これは、国際会計事務所大手のＫＰＭＧとベンチャーキャピタルのＨ２ Ｖｅｎｔｕｒｅｓが作成するフィンテック関連企業のリストだ。

２０１９年11月27日に発表された「フィンテック１００」で、第1位は、電子マネーのアリペイを提供するアント・フィナンシャルだった。

トップ10社のうち、中国企業が3社を占めている。これはアメリカの2社より多い。

これまでの推移を見ると、２０１４年では、１００社に入った中国企業は１社だけだった。２０１５年には７社となり、インターネット専業の損害保険会社である衆安保険が世界のトップになった。

２０１６年には、アメリカが35社、中国が８社となった。16年のランキングにおける世界のトップは、アント・フィナンシャルだった。

２０１７年版で上位３位に入ったのは、アント・フィナンシャル、衆安保険、そして趣店（クディアン）だ。趣店は、オンラインマイクロクレジットサービスを提供している。

２０１８年12月に発表された「フィンテック１００」（２０１８年版）では、上位10社のうち、４社が中国企業だ（アメリカは３社）。第１位は、アント・フィナンシャル、２位が京東金融（JD Finance）だった。

このように、中国のフィンテックはここ数年の間に驚くべき成長を遂げ、いまや世界一の地位を揺るぎないものにしている。

世界のフィンテック投資の半分が中国で

２０１９年６月に発表されたアクセンチュアの調査によると、２０１８年のフィンテック・ベンチャー企業への投資額は、全世界で、前年比２倍以上の５５３億ドルとなった。

そのうち、中国における投資額が、前年比で約9倍の255億ドルになった。つまり、世界のフィンテック投資総額のうち46％を中国が占めたことになる。

中国におけるフィンテック投資額の半分以上は、アント・フィナンシャルが5月に実施した140億ドルの資金調達が占めている。

アント・フィナンシャルに続くのは、度小満金融（Du Xiaoman Financial）。同社は2018年4月に中国の検索エンジン大手バイドゥから独立した企業で、消費者金融サービスを提供する。2つの投資案件で43億ドルを調達した。

中国におけるその他の大型案件としては、後述するLufax（陸金所）が、香港証券取引所で2018年12月に13億ドルを調達した。なお、アリババグループは、11月26日、香港証券取引所に上場した。新株の売り出しによる調達総額は875億香港ドル（約1・22兆円）になった。

融資や資金運用での新しいサービス

中国のフィンテックのうち、電子マネーと信用スコアについては、第10章で述べた。

そこで述べた網商銀行や微衆銀行が、中小企業への融資を拡大している。融資や資金運用の分野には、つぎのようなサービスも登場した。

「余額宝（Yu'e Bao、ユエバオ）」は、アリペイのプラットフォーム上で販売されるMMF（マネー・マーケット・ファンド）だ。2013年6月に始まった。小口資金をMMFとして集め、その資金を大口定期預金として運用することによって、魅力的な利回りを提示することができた。

これができたのは、当時、銀行の預金金利が規制されていたためだ。大口定期預金と小口定期預金の間には、かなりの金利差があった。この差を利用して、有利な利回りを提供できたのだ。一時は、加入者が6億人を超える世界最大のMMFと言われた。ただし、その後、規制の強化の影響で、資産額が減少している。

オンラインクレジット（P2Pレンディング）も成長した。これは、資金を貸したい人と借りたい人を、金融機関の仲介なしで、インターネットを通じて結び付ける金融サービスだ。貸したい人は既存の金融商品を買うよりも高い金利を得ることができ、借りたい人は既存の金融機関から借りることが困難でも、資金調達できる。

2007年以降、リテイル投資家にとっての新たな固定収入源として、急成長した。2016年末時点で総額8162億人民元（約13・2兆円）もの融資残高になった。しかし、不祥事や詐欺が頻発し、後述のように規制が強化された。

インシュアテックに乗り出した保険会社

保険の分野にも、特徴のある企業が登場している。これらが提供する新しい保険サービスは、「インシュアテック」と呼ばれる。

中国平安保険は、1988年に設立された。最初は伝統的なサービスを提供していたが、アリババやテンセントが新しいビジネスモデルを作り出すのを見て、2007~08年頃に、方針を切り替えた。

現在、中国で最も革新的な金融グループであり、時価総額が中国最大の保険会社だ。世界でも最大の保険会社の1つになっている。傘下企業がつぎのようなサービスを提供している。

・**Lufax**：中国平安保険集団が44％の株式を保有しているP2Pレンディングプラットフォーム。

・**平安グッドドクター**（Ping An Good Doctor）：スマートフォンで病院を予約できる。医師とオンラインで健康相談ができたり、薬の手配ができたりする。登録ユーザーは2億6000万人。世界最大の遠隔医療プラットフォームだ。同社は2018年に香港証券取引所に上場した。

衆安保険は、2013年にアント・フィナンシャル、中国平安保険集団、テンセントによって設立されたインターネット専業の損害保険会社だ。「フィンテック 100」で、3年連続で

5位以内に選ばれた。2017年9月には、香港取引所に上場した。

同社が最初に提供した商品は、返品送料保険だ。これは、タオバオなどで購入した商品が期待どおりの内容・品質でなかった場合に、返品する場合の返送料金を補償する保険だ。タオバオの成長に伴って急激に普及し、同社の急成長を支えてきた。

衆安保険は、糖尿病患者を対象とした医療保険を提供している。テンセントが開発したタッチパネル式の測定端末で血糖値のデータをとり、血糖値が規定値を下回れば、保険金が増額されるようになっている。

フィンテックに対する規制が強まる

中国のフィンテックは、これまであまり規制がない条件下で急速に成長してきた。しかし、成長するにつれてさまざまな問題も顕在化し、規制が強化されている。悪質業者や詐欺的行為を排除して利用者保護を図るため、当局はフィンテックの規制に乗り出している。

とりわけ、オンラインクレジット（P2Pレンディング）の規制が、2015年12月以降、強化されている。これによって、P2P業界が勢いを失っている。

また、中国人民銀行は、網聯（ワンリェン）というシステムを、2018年6月から運用開始した。日本では、決済業務を行うためには、すべての金融機関が参加する全銀システムを通じて行うこととされているが、これと同じような仕組みだ。

これまで、アリペイやウィーチャットペイなどは、直接に銀行と連携してサービスを提供してきた。しかし、網聯の導入によって、これらの決済業務は、すべて網聯プラットフォームを通じて処理しなければならなくなった。

これによって、すべての振替業務が人民銀行の管理下に置かれることとなり、マネーロンダリングや脱税などの違法行為が困難になるとされている。他方で、アリペイやウィーチャットペイでは、コスト増になる。

さらに、余額宝の増加を制限するための自主規制が行われた。2017年6月には、残高の上限が、2017年12月には、一日に投資できる金額の上限が設定された。これによって、余額宝の残高は減少している。

国内市場が飽和して成長率が低下してきたため、中国のフィンテック企業は、海外進出を進めている。P2Pレンディングプラットフォームは、規制が弱い東南アジアの市場を目指している。

2 中国で独自のSNS社会が進展

インターネット規制で独自の発展

中国政府は、グレートファイヤーウォール（金盾）と呼ばれるインターネット規制を、2003年から稼働させている。政府に批判的な団体のサイトは監視されており、アクセスしようとすると遮断されてしまう。このため、ツイッターやフェイスブックなどの海外のSNSは、中国国内では使用することができない。また、一市民の書き込みでも、共産党を批判するキーワードが含まれていると、即刻削除され、ウェブサイトがブロックされる。

こうしたことから、中国には独自のSNS社会が発展した。中国は、新聞や雑誌が国民の間に広く浸透するといった時代を経験せずに、インターネットを用いたSNSの時代に入った。その意味で、世界でも特異なコミュニケーションの構造の社会が成立していると考えることができる。現在、中国の3大SNSと言われるのは、つぎのものだ。

（1）**ウィーチャット**：国際的にはWeChat、中国国内では微信（ウェイシン）と呼ばれる。テンセントが運営する「メッセージSNS」（会員同士がメッセージやチャットのやり取りをする）で、２０１１年から提供されている。

（２）**ＱＱ**：１９９９年に提供が開始された。テンセントによる「メッセンジャータイプのＳＮＳ」（ユーザー同士がリアルタイムでメッセージのやり取りをする）。

（３）**ウェイボー**（Weibo、微博）：さまざまな主体で運営されているが、代表的なのはＳＩＮＡ（シナ、新浪公司）が運営するウェイボー（SINA Weibo）。「ミニブログサイト」とか、「中国版のツイッター」と言われる。

私がときどき見ているのは、「知乎（チーフー）」というQ&Aサイトだ。ユーザーの質問に他のユーザーが回答している。さまざまなテーマが取り上げられており、中国人がいかなる問題に関心を持ち、それについてどんな考えを持っているかを知ることができる（いまは自動翻訳が使えるので、中国語のサイトでも難なく読むことができる）。

無視できないＳＮＳの政治的側面

いかに検閲がなされているとはいえ、誰もが発信できるメディアが存在すれば、常識的には民主化・自由化につながるはずだ。ところが中国では、そうした動きが一向に生じない。なぜなのか、不思議なことだ。

ただし、これはＳＮＳが政治的に無意味だと言うことではない。「ウェイボー現象」と言われるものが、しばらく前から生じている。

２０１２年２月から３月にかけて起きた薄熙来事件がその例だ。ここでウェイボーが重要な役割を果たした。

薄熙来は、当時、重慶市共産党委員会書記。外資導入による経済発展やマフィア撲滅運動などで業績をあげ、注目されていた。２０１２年秋の中国共産党第18回全国代表大会で、中国の最高指導部である共産党中央政治局常務委員会入りの可能性があるとされていた。

ところが、かつての腹心である王立軍が、２０１２年２月に、亡命しようとアメリカ領事館に駆け込んだが未遂になったという事件が発生した。さらに、妻によるイギリス人実業家殺害や、不正蓄財などのスキャンダルが報じられた。

王が北京に移送されたとの情報が、ほぼリアルタイムでウェイボーに流れた。当局による猛烈な削除と書き込み者の拘束にもかかわらず、情報は止まらなかった。中南海で起こっている共産党内部の権力闘争が、極めて正確に、しかも時間遅れなしに、流出してしまったのだ。

この事件以来、政府高官も、ネット情報に敏感にならざるをえなくなった。「政府高官は、朝起きるとウェイボーで自分の名前を検索し、なければ安心して他の人の名を調べる」などと言われるようになった。

現在、香港で続いている中国政府への抗議デモに関連しても、ＳＮＳを使った情報戦が展開されている。政府側が報道機関を装った不正アカウントを用いて、偽情報を流して世論誘導をしている疑いがあるという。

他方、反政府側も、デモ隊を排除する警察の動画を投稿するなどして、政府側の行為を公開している。反政府派の抗議デモは、通信アプリ「テレグラム」などのＳＮＳ経由で始まるのが普通だが、２０１９年６月に、その運営会社が中国から大量のデータを送りつけられる攻撃を受け、デモを妨害されたと発表した。

中国でのビジネスでは、ＳＮＳの利用が重要とされる。中国では、まずＳＮＳで評判をチェックし、情報交換をした上で製品を購入すると言われるからだ。

日本のアパレル企業や電気メーカーは、ウェイボーにアカウントを持ち、中国人向けのプロモーションを行っている。自治体も訪日旅行客の増加を求めて、ＳＮＳの活用に力を入れている。中国人がターゲットの場合、ウェイボーが最も有効だとされる。

ＴｉｋＴｏｋが起こした「動画革命」

通信環境が向上し、動画が快適に見られるようになるにつれて、ＳＮＳもテキストから写真へ、そして動画へと変わってきた。すでに５Ｇ時代に入りつつある中国では、これから動画メディアがますます発展していくだろう。中国のテレビ番組は、政府の厳しい検閲があるため、面白いものが少ないと言われる。これも、動画の人気を高めている要因だ。

中国の三大動画サービスは、つぎのものだと言われる。定額会費と広告収入によって運営されている。

（1） ｉＱＩＹＩ（愛奇芸・爱奇艺、アイチーイー）バイドゥ傘下

（2） Ｙｏｕｋｕ（優酷・优酷、ヨウクー）アリババ傘下

（3） **テンセントビデオ**（騰訊視頻）テンセント傘下

まったく新しい動画アプリとして、「ＴｉｋＴｏｋ」がある。音楽にあわせて15秒のショートムービーを音楽付きで撮影し、投稿する。

現在１５０の国と地域で利用され、75の言語に対応している。２０１８年7月には、世界の月間アクティブユーザーが2億人に達した。ＴｉｋＴｏｋは中国発の全世界的メディアになっている。

利用者は、10代のユーザーが圧倒的に多く、20代がそれに続く。中高生を対象としたメディアだ。われわれの世代にはまったく理解できないものなのだが、単に10代の一時的な流行では

なく、世界的なヒットの起爆剤になっている。

ＴｉｋＴｏｋは、アメリカの若者の間でも人気だ。それを示しているのが、まったく無名だった20歳のリル・ナズ・ＸのOld Town Roadが全米シングルチャートで、19週連続１位という史上最長記録を達成し、２０１９年最大のヒット曲となったことだ。テレビなどとのタイアップや、大掛かりなプロモーションがあったわけではなかった。火がついたきっかけは、ＴｉｋＴｏｋに投稿された動画だった。

ＴｉｋＴｏｋが受け入れられる背景には、高度の技術がある。ＡＩの機械学習を用いて、ユーザーが最も興味を持っているコンテンツを提供するのだ。

これを提供している「バイトダンス（ByteDance、字節跳動）」の創業者で、ＴｉｋＴｏｋを２０１６年９月にスタートさせた張一鳴は、36歳のソフトウェア・エンジニアだ。その純資産は、１６２億ドル（約１兆７６００億円）にのぼり、中国で13番目に裕福な人物だとされる。

こうしたメディアが中国で生まれたことは、驚き以外の何物でもない。時代はすでに大きく変わってしまっているのだ。

２０１７年、バイトダンスは、アメリカに拠点を置いていた音楽ビデオの投稿アプリ、ミュージカリーを約10億ドル（約１０８０億円）で買収した。アメリカ議会は、ＴｉｋＴｏｋでは、データ流出や投稿内容の中国当局による検閲などの疑いがあるとしている。

3　ユニコーン大国となった中国

中国のユニコーン数はアメリカに次ぐ

中国には、多数の「ユニコーン企業」が誕生している。いまや、中国は、アメリカと並んでユニコーン大国だ。

「ユニコーン企業」とは、未公開で時価総額が10億ドル以上の企業を指す。アメリカの調査会社CBインサイツが発表したデータによると、2019年8月において、世界でユニコーン企業は393社ある。国別に見ると、1位はアメリカで全体の49％、2位は中国で24％だ。これで全体の73％を占める。このように、現在の世界のユニコーン企業のほとんどが、アメリカと中国に集中しているのだ。

2010年代前半においては、世界のユニコーン企業のほとんどがアメリカとヨーロッパにあった。ユニコーン企業の国別分布は、この数年間で急速に変化したことになる。

中国ユニコーン企業の状況については、前記以外にいくつもの調査がある。中国での調査もある。5月上旬、胡潤研究院は、中国のユニコーン企業数が200社を突破して世界一を達成したとしている。

中国科学技術部が3月下旬にまとめた「2017年中国ユニコーン企業発展報告」によると、中国の2017年時点のユニコーン企業は、2016年の131社から33社増加して、164社となった。CBインサイツの調査と比べて、定義の違いなどのため数に差があるが、中国にユニコーン企業が多いことに変わりはない。

バイトダンスの企業価値はトヨタの3分の1

ユニコーン企業の世界ランキングの上位5位は、つぎのとおりだ。

1位　中国　バイトダンス　企業価値：750億ドル
2位　中国　滴滴出行（Didi Chuxing）　企業価値：560億ドル
3位　アメリカ　ジュール（JUUL Labs）　企業価値：500億ドル
4位　アメリカ　ウィーワーク（WeWork）　企業価値：470億ドル
5位　アメリカ　エアビーアンドビー（Airbnb）　企業価値：293億ドル

数年前にウーバーの企業価値が高いことが話題になったが、中国ユニコーンの企業価値の高さにも驚く。

バイトダンスの時価総額は、日本円に換算すれば約8兆円だ。これは、トヨタ自動車の時価総額約25兆円の3分の1近い。バイトダンスは36歳のエンジニアがわずか8年前に創業した会社である！

なお、4月時点で世界第2位だったウーバーは、2019年5月にニューヨーク証券取引所に上場した。また、滴滴出行は香港取引所に上場を検討していると言われる。

AI分野にもユニコーン

ユニコーン企業の事業がどのような分野にあるかは、経済の将来像を予測する上で重要な情報だ。ユニコーン企業が多いのは、将来の発展可能性が高い事業分野と考えることができるからだ。

中国のユニコーンは、eコマース、フィンテック、シェアリングエコノミーの分野に集中しており、AIやビッグデータにはあまりないと言われてきた。しかし最近では、この分野にも新しい企業が登場している。注目すべき企業として、つぎのものがある。

・**メグビー・テクノロジー**（Megvii、曠視科技）

顔認証プラットフォーム「Face++（フェイスプラスプラス）」を開発・運営する。2

012年8月にサービスを開始した。Face++は、いまや決済やライドシェアリング、防犯システムなどで不可欠のものになっている。世界の顔認証技術は、この企業を抜きには語れない。電子マネー、アリペイにもこの技術が導入された。これについては、第10章の3「顔認証決済と監視社会の危険」で述べた。

Face++には1億人以上の顔が登録されていると言われる。アリババとの間で顔情報の交換があるのではないかと言われる。あるいは中国政府との間でも交換されている可能性がある。香港取引所に株式上場を申請した。

・**センスタイム**(SenseTime、商湯科技)

2014年創業。顔認識、車・歩行者認識、危険物識別などの監視システムを開発・提供している。

・**ディープブルーテクノロジー**(DeepBlueTech、深蘭科技)

2014年創業。手のひら認証で買い物ができる無人コンビニエンスストア「Take GO」の運営企業。

・**中山市賓哥網絡科技**

2016年創業。コンテナ式の無人コンビニエンスストア「ビンゴ・ボックス(BingoBox)」を運営する。

ウィーチャットのＩＤを使って店舗に入店し、電子タグの付いた商品をレジで読み取って、モバイル決済で支払いをする。

中国に多数のユニコーン企業が誕生する理由

中国でユニコーン企業が増えた原因は、まず何よりも、ベンチャー創業活動が活発であることだ。これは、清華大学などでの先端的コンピュータサイエンスの教育・研究活動に支えられている。それに加えて、規制分野への民間資本の進出が可能になったことがある。こうして生じた創業ブームが、新技術分野での発展を支えている。社会主義経済では考えられない活力が開放されたのだ。

ただし、ユニコーンブームは、手放しでは礼賛できない面もある。それはつぎの２つの理由による。

第１に、当然のことだが、すべてのユニコーン企業が成功するわけではない。その例として、シェアリング自転車大手のｏｆｏ（オフォ）がある。ｏｆｏはシェアリング自転車の事業を始め、２０１５年以降、急速に成長した。しかし、Ｍｏｂｉｋｅ（モバイク）が参入したことや、自転車の放置問題が顕在化したことなどによって、巨額の赤字を出し続けてしまった。ｏｆｏは破産寸前になり、やはり赤字に耐えられなくなったＭｏｂｉｋｅとともに、美団点評に買収された。

ユニコーン企業の価値評価を見直すべきだという考えも出てきている。

企業の資金調達はいかに行われるべきか

ユニコーンブームが手放しでは礼賛できない第2の理由は、「そもそも企業の資金調達はいかに行われるべきか」という問題だ。

スタートアップ企業の資金は、最初はベンチャーキャピタルが提供する。グーグル、ヤフー、フェイスブックなどは、このようにして成長した。しかし、これらの企業は、一定段階に達したところでIPO（上場して株式を公開すること）を行った。「上場して、広範囲の投資家から資金を調達し、かつ事業内容を公開してマーケットからチェックを受ける」というのが、マーケットメカニズムを用いた資金調達の本来のあり方だ。

ところが、ユニコーン企業は未公開企業だ。「巨大化しながら、しかも非公開にとどまる」のはなぜなのか？

市場経済の原則から言えば、「あまりに巨大化したユニコーン企業は、不自然な存在だ」とも言える。前述のようなユニコーン企業のつまずきも、未公開であったために企業の実態がよくわからず、過大評価されていたために生じた可能性は否定できない。

中国の場合には、株式市場が十分に発達していないという事情があるのかもしれない。少なくとも、年金ファンド等の機関投資家が存在する欧米型の株式市場の構造とはかなり違う。その代わりに、アリババやテンセントのように巨大化したＩＴ企業からの資金供給がある。そのため、株式公開をしなくとも、資金調達ができるのだろう。

この状況が続くとすれば、中国では、従来の欧米型の資金調達とは異なる方式で新しい企業が成長していくことになるのかもしれない。しかし、こうした構造は、新技術分野における寡占をもたらす危険がある。これは、中国の将来にとってどのような意味を持つだろうか？

第12章 中国の未来

1 「データ共産主義」が実現し、究極のデジタル独裁者が生まれるか？

『一九八四年』のビッグ・ブラザーは古い技術

ジョージ・オーウェルは、１９４９年に発表した小説『一九八四年』で、「ビッグ・ブラザー」と呼ばれる全知全能の支配者が、全国民の全生活を監視している様を描いた。支配の道具は「テレスクリーン」と呼ばれる双方向のテレビジョンだ。さらには、町なかに仕掛けられたマイクがある。これらによって、市民の行動は屋内・屋外を問わず、一日中「真理省」に監視される。

しかし、よく考えてみると、ビッグ・ブラザーは、原理的に実行不可能だ。なぜなら、監視に必要な人員が大変な数になってしまうからだ。その他の必要人員を考えると、全国民を超えるほどの人間が必要になってしまう。つまり、国民一人ひとりの個人情報をテレスクリーンで中央当局が把握することなど、とても不可能なのである。ソ連は、これに近いことを行おうとして経済の効率性が低下し、崩壊した。

しかし、それは、テレスクリーンとかマイクのような古い技術を使うからである。

ＡＩを用いれば、事態は変わる。インターネットの利用を通じて大量の個人情報が収集され、ＡＩによるプロファイリングや信用スコアリングで、個人が評価される。これは、監視国家をもたらす危険がある。

ＡＩを使えば大量の情報を処理できる

中国では、18桁の身分証番号を用いる身分証のシステムが、すでに１９９５年に導入されている。記載項目は、氏名・性別・民族・生年月日・住所などだ。身分証番号は、生まれた日に決定され、終生不変の個人番号となる。満16歳になると、有形の身分証が交付される。ホテルに宿泊する場合や、高速鉄道や飛行機の切符を買う場合に、提示が求められる。

しかし、仮にこうしたシステムによって全国民の詳細データが得られても、これまでの技術では、膨大な人口が生み出すデータはさばききれなかった。中国では、これまでも監視カメラが設置されていた。しかし、それらを有機的に結合した運用はできなかった。

ところが、ＡＩを利用することによって、それら大量の情報を有効に活用できるようになりつつある。中国にすでに検閲制度「金盾」が存在する。ＡＩの活用によってＳＮＳ等の情報を分析し、政府が個人情報を抽出することは十分に考えられる。

いくつかの市では、身分証をデジタル化する試験運用が始まっている。携帯電話のＳＩＭカードと身分証が関連付けられ、携帯電話に表示する形で身分証を提示する。

ビッグデータによるプロファイリングが進むと、国民がどのような政治思想を持っているかも推測できるので、中央の支配者が反政府的思想をチェックできる。さらに、電子マネーから得られる情報がある。すでに、電子マネーの取引情報を用いた信用スコアリングは導入されている。デジタル人民元（中国人民銀行が発行する仮想通貨）が導入されれば、極めて詳細な情報が、国民のほぼすべてについて得られるだろう。

進行しつつある国民監視のシステム

中国の国民監視システム「天網《てんもう》」は、監視カメラが人の動きを追跡し、ＡＩによる顔認証で、個人を特定する。設置カメラの総数は、１億７０００万台と言われる。交通信号を守らない通行人が街頭カメラで捉えられ、顔識別システムで個人が特定されて、後日、警察から本人に、違反を確認したとの連絡が届くのだという。さらに、顔認証できるサングラスを警官がかけて行う犯罪者の取り締まりも、開始されている（第10章の3参照）。

「一体化統合作戦プラットフォーム（ＩＪＯＰ：Integrated Joint Operations Platform）」は、新疆ウイグル自治区で、イスラム教徒の少数民族ウイグル族を監視する大規模なシステムだ。ＩＪＯＰについては、人権擁護団体「ヒューマン・ライツ・ウォッチ（ＨＲＷ：Human Rights Watch）」が２０１９年5月に発表した報告書で、その存在を明らかにしている。電話や自動車、ＩＤカードを追跡して人々の動きをモニタリングする。電気やガソリンスタンドの使用履歴も取得される。これを用いて住民の行動を把握し、拘束や施設への大量収容を行っていたとされる。

社会信用システムで社会秩序を改善する

第10章の２「信用スコアの潜在的危険」で述べたように、中国政府は２０１４年6月、「社会信用（ソーシャルクレジット）」システムを導入した。これは、国民一人ひとりの資産、職歴、インターネットでの発言、購入履歴などの情報を収集し、それらを基にして「信用度スコア」を算出するものだ。

信用度格付けが低くなると、ローンの審査が厳しくなるだけでなく、ホテルの予約も難しくなる。それだけでなく、就職、子供の入学、行政手続きなどの面でも、不利な扱いを受けることになる。

この制度の目的は、商業取引の信用度を上げて、「政府と司法の信頼と誠実さを強化する」ことだとされている。処罰したり優遇措置を与えたりすることによって、社会秩序を改善するというのだ。

その背景には、中国の市場には多数の偽造品が氾濫し、詐欺行為が横行しているという現実があるとされる。確かに、これまでも述べてきたように、中国では、相手を信用して取引をすることが難しかった。市場経済の基本的な条件は「信用」だが、それが中国では確立されていなかったことは間違いない。こうした状態を改善する必要があるのは、事実だろう。

社会信用システムがどのように運営されているかは、「国家公共信用信息中心」のウェブサイトで知ることができる。2018年の年次報告によると、つぎのとおりだ。

列車の使用を制限された人が6908人いた。また、128人が税金の滞納を理由に中国国外への渡航を禁じられた。この他、虚偽広告、薬品安全基準違反などでも処分がなされた。罰則として、上級管理職に就くことが拒否されたり、会社の法定代理人として行動することが認められないなどの措置があった。

2019年9月4日の国立公的信用情報センターのウェブサイトでは、8月の懲戒処分を発表している。それによると、列車での喫煙または他の禁煙エリアでの喫煙に関する件、あるいは駅の輸送順序を混乱させ、鉄道の安全を脅かした件で、528人が処分された。また、危険物、禁止品および規制品の運送または委託に関連して、民間航空局は946人を処分した。

国民管理の道具になる危険

「信用度スコアによって国民を評価し、それに応じて処罰や優遇措置を与えることによって社会秩序を改善する」という目的は、前述のように、わからなくはない。しかし、何が処罰の対象になるかは、法律によって予め明示されるべきだ。そして、その運用は司法制度によって行われるべきだろう。

ところが、中国の社会信用システムでは、これらの点が曖昧であり、恣意的な運営がなされる危険がある。実際、「リードを付けずに犬を散歩させた」というだけで、減点の対象とされるような場合もあるという。自分が減点の対象となった事実を告げられず、また、どうすればその状態を回復できるかを知らぬまま、「信頼できない人」と不当に格付けされる危険がある。

仮に、良いものがますます優遇され、悪いものが滅ぼされるのだとしても、問題は、「良いものとは何か」という定義である。中央の権力者にとって都合のよいものが良いものとされる危険は、大いにある。そうなれば、究極の全体主義国家が実現する。

２０１８年10月4日、アメリカのマイク・ペンス副大統領は、ハドソン研究所で行われた約50分の演説で、中国を強く批判した（第6章の1参照）。この演説の中でペンスは、中国の社会信用システムが監視国家化をもたらす危険を指摘した。そして、「全体主義の恐怖を描いたジョージ・オーウェルの小説を彷彿させるこのシステムは、実質的に、人間生活のあらゆる面をコントロールすることを前提にしている」とした。

国と企業が密着しているから問題

詳細な個人データの収集は、中国だけの問題ではない。自由主義諸国においても、これまでなされてきたことだ。

とりわけ重要なのは、ＧＡＦＡと呼ばれる巨大プラットフォーム企業が、さまざまなインターネットサービスの提供を通じて個人データを集めてきたことだ。

グーグルは、ビッグ・ブラザーのテレスクリーンより遙かに効率的な手段で、個人情報を集めている。例えば、Ｇメールを使えば、交信記録はグーグルのサーバーに保存されているのだから、グーグルは、利用者の個人情報を知ることができる。それ以外にも検索サービスや地図サービスを通じて、大量の個人情報を収集している。そして、それらを、「検索連動広告」という形で、すでに利用している。

『一九八四年』のビッグ・ブラザーが望んで果たせなかった全国民の監視が、技術的な観点だけから言えば、すでに可能になっているのである。

あるいは、クラウド・コンピューティングがある。これは、企業も含めて、重要な情報を手元に置かず、他人に預けてしまうという方法だ。大切なものが手元にないというのは、もちろん不安なことだ。

ただし、グーグルがビッグ・ブラザーになるかと言えば、ならないだろう。

なぜか? グーグルは、ビッグ・ブラザーになることで得られる利益と、それによって社会の批判を受けるコストとを比較して、後者が遙かに大きいと判断するはずだからである。

「グーグルがビッグ・ブラザーにならないだろう」というのは、信頼である。そうした信頼は、クラウド・コンピューティングにとって、不可欠のものだ。

しかし、中国では、企業と政府の区別が曖昧なのが問題だ。政府が企業に命じて情報を提供させることがありうる。中国では、政府が監視国家を志向する傾向が強い。それに加え、国民の側でプライバシーの意識が弱いことが、こうした状況を生んでいる。

「デジタル・レーニン主義」

いかにAIが発達しても、計画経済を実現することは難しい。扱うべき情報量があまりに巨大なものになってしまうからである。しかし、これまで述べたように、政治システムにおいてビッグ・ブラザーより進んだ国民管理のシステムを導入するのは、不可能ではない。

いま中国には、国民一人ひとりを監視できる、ビッグ・ブラザーより強力な独裁者が、歴史上初めて誕生しようとしているのかもしれない。究極の独裁者の誕生だ。

中国の全人代は、2018年3月、国家主席の任期を事実上撤廃する憲法改正案を圧倒的多数で採択した。これによって、習近平国家主席が、任期切れを迎える2023年以降も主席にとどまり、終身で務めることが可能になった。

この背景にあるのは、AIなどの新しい情報技術の活用によって可能になりつつある史上最強の権力基盤だ。習政権が構築しようとする新しい統治システムは、「デジタル・レーニン主義」と呼ばれることもある。「デジタル共産主義」と呼んでもよいだろう。

中国に誕生しつつあるのは、ペンス副大統領が危惧するような監視国家なのか、それとも、いままでの情報技術では不可能だった新しい形態の国家なのか？　これは、われわれの生活にも基本的な影響を与えうる、極めて重要な問題だ。

2　「軍民融合体制」で増強された中国の軍事力

迎撃できない極超音速滑空ミサイル

２０１９年10月1日、中華人民共和国建国70年を記念する軍事パレードが、北京の天安門前広場で行われ、各種の兵器が誇示された。

とりわけ眼をひいたのは、極超音速滑空ミサイル「ＤＦ－17（東風－17）」だ。マッハ５以上という極超音速（ハイパーソニック）で飛行し、弾道ミサイルより低く飛来するので、レーダーによる発見が遅れる。また、着弾点が予想できないために、既存のミサイル防衛システムでは迎撃が不可能だとされる。就役すれば世界最強のミサイルになる。

射程が１８００～２５００ｋｍという推定もある。これは、日本、アメリカ、韓国のミサイル防衛網が、無力化されつつあることを意味している。

パレードには16両ものＤＦ－17の移動発射機が登場した。２０２０年には量産体制に入るとされ、すでに実戦配備されているとの見方もある。

軍事的脅威を重視するアメリカ

中国の軍事的脅威の高まりに対する指摘が、アメリカで相次いでいる。ペンス副大統領は、2018年10月4日に行ったスピーチで中国を厳しく批判し、「中国政府は、アメリカの陸、海、空、宇宙における軍事的優位性を損なわせることを優先させている」と指摘した。

この演説は、チャーチルが首相退任直後の1946年3月に行った「鉄のカーテン」演説になぞらえて、新冷戦宣言だと言われる。ペンス演説は、米中貿易戦争の本質が、米中間の広範な分野での覇権争いであることを示している。

アメリカ国防省は、2019年1月15日、「中国の軍事力（China Military Power）」と題する報告書を公表した。その中で、中国は世界最先端の兵器システムの実戦配備を準備していること、一部の兵器はすでに競争相手の国々を上回っていることなどを指摘した。

2019年5月2日、アメリカ国防省は「2019年中国の軍事力に関する報告書」を公表した。中国が「あらゆる手段を用いて外国の軍事技術を獲得している」「サイバー攻撃、外国への直接投資などによって、先端技術を不当に得ている」と非難した。「一帯一路」に関しては、海外における中国の軍事拠点の拡大につながると指摘した。中国の目標は、2049年までに世界一流の軍事力を保有し、「総合的な国力の増大によって、インド太平洋地域における抜きんでた大国になることだ」としている。

このような危機感の高まりを反映して、軍事予算も拡充されている。アメリカ議会上院は、2019年12月、2020会計年度（2019年10月～20年9月）の国防予算の大枠と国防政策の方針を定めた国防権限法案を可決した。2019会計年度に続き、中国への対抗を強く意識して、AIなど先端的軍事技術への重点投資を行う。

「中国は自律型兵器から指揮統制への活用まであらゆる軍事利用を目指している」とし、「潜在敵国が完全なAI能力を備えた兵力を保有し、われわれが持たないという事態は望ましくない」と強調した。

これまでAIが導入されていたのは、兵器の劣化を予測したり故障を防いだりする維持管理や、人道支援・災害救助、サイバー防衛が中心だった。今後は、自律型兵器や指揮統制を想定したAI利用を目指す中国に対抗するため、これまで控えてきた戦闘作戦でのAI活用に向けた研究に乗り出す。

AIドローンの先端技術

AI技術は汎用性が高いので、軍事に転用が可能だ。AIを利用した画像認識によって、目標認識が正確になり、兵器の能力が飛躍的に向上する。また、ロボットやドローンなどの無人航空機、さらに無人艦艇・潜水艦などが、自ら認識・判断し、行動できるようになる。こうしたことは、「AI軍事革命」と呼ばれる。

注目すべきはドローンの活用だ。高度15〜150mという空間は、これまで軍事利用されることはなかった。その空間がドローンの活用によって、軍事的に重要な意味を持つことになる。AI搭載のドローンの分野で、中国は世界最先端の兵器を持っている。中国は、大量の自律型の無人機が群れになって作戦を遂行する技術（群制御技術）を開発中だ。人民解放軍は数千機ものドローン（UAV：Unmanned Aerial Vehicle）で空母を攻撃する戦法を生み出した。多数のドローンが衝突せずに飛行するためには、高度のAI技術が必要だ。

中国電子科学研究院（CETC：China Electronics Technology Group Corporation）は、2017年6月、119機のドローンの編隊飛行のテストに成功した。安価なドローンによって、空母のような高価な兵器を攻撃することが可能になる。世界的なドローン企業である大疆創新科技有限公司（DJI：Da-Jiang Innovations Science and Technology Co., Ltd.）は、個人向けドローンの世界シェア7割を握っている。ノリンコ（中国兵器工業集団）は、高性能の軍事用新型ドローンMR-150を公開している。「15機あれば、75台もの戦車や装甲車を撃破可能」としている。

無人機システムのAI化により、将来は自ら判断して任務を完遂する自律型のAI無人機システムが多用されると予測されている。「自律型致死兵器システム（LAWS）」とは、一度起動すればＡＩの判断で自動的に標的を選定し、攻撃できる能力を持つ兵器だ。国連人権理事会で、これに関する議論が始まり、途上国や非政府組織（ＮＧＯ）がＬＡＷＳの禁止条約作りなど積極的な規制を主張している。しかし、アメリカ、中国、ロシアなどは、規制強化に慎重な姿勢を見せている。

ＡＩが戦闘に参加するようになると、戦闘のスピードに人間の頭脳が追随できなくなる。アメリカのシンクタンク、新アメリカ安全保障センター（ＣＮＡＳ：The Center for a New American Security）のエルサ・カニアは、これを、「戦場のシンギュラリティ（特異点）」と呼んでいる。

「軍民融合体制」で進める、ＡＩによる軍事革命

習近平主席は、「軍民融合（ＣＭＩ：Civil-Military Integration）」によって民間のＡＩ技術を軍事利用し、「ＡＩによる軍事革命」を実現しようとしている。これは、民間技術を軍事に適用したり、軍事技術を民間が活用したりすることによって、軍と民の融合を図ることだ。「軍民融合」はＡＩの軍事利用に有利に働いているとの見方は多い。

一方、アメリカでは、グーグルで、国防総省と結んだ軍事用無人飛行機（ドローン）向けのＡＩ開発契約（プロジェクト・メイブン）に対する反対運動が起きた。「グーグルは戦争ビジ

ネスにかかわるべきではない」「この計画はグーグルのブランドや採用競争力に対し、取り返しが付かないほどのダメージを与える」などと主張する書簡に4000人を超える社員が署名し、一部の社員が辞職するなどの事態に発展した。

その結果、グーグルは2018年6月に、「プロジェクト・メイブンを2019年3月いっぱいで打ち切る」との方針を明らかにした。さらに、無人兵器の製造、および人間に危害を及ぼす恐れのある分野へのAI利用を禁止する方針を示すガイドラインを公表した。

グーグルのこうした決定は正しいと思う。しかし、同時に、それがアメリカの中国への軍事的優位に対する障害になることも認めざるをえない。この矛盾をどう考えたらよいのだろうか?

3　中国は覇権国家となりうるか?

覇権国の条件は寛容

覇権国家となる条件は何だろうか? アメリカの法学者でありエール大学の教授であるエイミー・チュアは、『最強国の条件』(講談社、2011年)の中で、寛容主義は最強国となるための必要条件だとして、つぎのように述べている。

「今日のアメリカの世界覇権は、アメリカが世界で最も寛容な国であり続けた事実による部分が大きい。世界中から最も優秀な人材を呼び寄せ、彼らを活用する能力に秀でていたからこそ、アメリカは今日の世界において、経済、軍事、テクノロジーの各分野で、圧倒的な優位を築くことに成功したのである」

ここで、寛容とは、他民族を受け入れることだ。アメリカの強さは、さまざまな形で外国人をアメリカ国民として認めたことだ。この例を挙げていけば、尽きることがない。

そして、これを正反対にしたのが、第二次世界大戦におけるナチス・ドイツの劣等民族根絶政策だった。この政策は、大きなコストを伴った。最大のコストは、優れた科学者がドイツや近隣諸国から逃げ出したことだ。彼らの多くはアメリカにわたり、アメリカの科学技術水準を短期間のうちに急激に向上させた。

ローマは寛容政策で強くなった

寛容が国家を強くしたことは、「歴史的事例を見れば、疑問の余地がまったくないほど明らかだ」と、チュアは言う。その代表例が古代ローマだ。ローマは、征服した異民族を属国としたが、支配するのではなく、同化政策をとった。

このことは、古くからさまざまな歴史家によって指摘されてきた。エドワード・ギボンは、

『ローマ帝国衰亡史』（ちくま学芸文庫、１９９６年）で、つぎのように言っている。

「ローマの偉大さは、征服の迅速さでも、広さでもない。属州の統治に成功したことだ。統治は概して属州の住民のために善政であり、彼らの生活水準の向上に寄与した。だから彼らは、属州化を喜んで受け入れたのである。なかでも、カエサルによるガリアの統治は、典型的な成功例であった」

この点においても、ローマ的寛容政策の正反対にあったのが、ナチスのユダヤ人抹殺政策だ。ナチスの軍隊がソ連領内に侵攻した当初、ドイツの兵士は解放者として歓迎されることもあった。それは、ロシアから抑圧を受けていたウクライナやバルト三国において、とくに顕著だった。

だが、ナチスはウクライナのユダヤ人を絶滅させるほどに殺害した。その結果、ソ連の全人口がナチスに対する憎悪で団結したのだ。

チュアは、仮にナチス・ドイツがウクライナに対して寛容政策をとったなら、第二次世界大戦の帰結は大きく変わっていただろうという。そのとおりだ。

ギボンは、さらに、つぎのように指摘している。

「属州化は軍事的に勝ち取ったものだから、反抗が生じる可能性はつねにあった。そこで、ローマに従属することに強いインセンティブを与える必要があった。このためにカエサルが行った重要な改革は、ローマ市民権をイタリア人以外にも与えたことである」

グレン・ハバードとティム・ケインは、『なぜ大国は衰退するのか』でつぎのように言う。

「征服した異民族にもローマ市民権を与えるというポピュリズム的な市民権拡大策によって、ローマは救われた。属州のヒスパニアの人々に市民権を与えたことで、カエサルはその後数百年にわたってローマ社会を強化した制度的原則を確立した」

ローマ帝国の長い歴史の間には、属国の出身者が皇帝になるといったことが生じた。1世紀末から2世紀後期はローマ帝国の黄金時代だとされ、その時代の皇帝は「五賢帝」と呼ばれている。五賢帝の1人、トラヤヌス帝はヒスパニアの出身だ。

なお、寛容政策は、カエサルが始めたことではなく、ローマの伝統だった。チュアによれば、ローマ人は、寛容の美徳を古代ギリシャを反面教師とすることで学んだ。ギリシャでは、スパルタとアテネがそうであったように、偏狭さと人種差別が憎悪の連鎖を生み出し、ついに戦争になってどちらも没落するということが、しばしば起きていたのだ。

ローマの後継者はアメリカ

ローマの伝統を受け継いだ国がアメリカ合衆国だ。アメリカの制度がローマと似ていることは、しばしば指摘される。それは、アメリカ建国の父たちが、古代ローマを意識して新しい国を設計したからだ。

ハンナ・アーレントは、『革命について』（ちくま学芸文庫、1995年）で、アメリカ独立（アーレントの言葉によれば「アメリカ革命」）は、ローマを再現しようとする動きであったとし、「アメリカ建国時のフェデラリストたちは、独立当初から、ローマ的な共和制を意識していた」と指摘する。さらに、つぎのように言う。

「アメリカ革命の人々の活動は、異常なほど古代ローマの先例によって鼓舞され、導かれた」

「マキャヴェリの場合と同じく、彼ら（アメリカ建国の父たち）にとっても、偉大なモデルと先例はローマの共和政であり、その歴史の偉大さであった」

「彼らが自分たちのことを創設者だと考えたのは、彼らがローマの例を真似し、ローマ精神を模倣しようと意識的に努力したからである」

「アメリカは、ビザンティンから欧州という潮流の外にあり、国家と法の権威を宗教に求めることはない。アメリカは古代ローマをモデルとして建国され、その理念は現実的で保守的である」

「アメリカ人が憲法に自らを結び付けた力は、啓示された神に対するキリスト教的信仰でもなければ、同じように宇宙の立法者である創造者へのヘブライ的服従でもなかった。革命と憲法に対する彼らの態度が幾分でも宗教的と呼べるとすれば、「宗教」という言葉を、そのオリジナルなローマ的意味で理解しなければならない」

アーレントが言う「ローマ的意味の宗教」とは、常に先祖の起源に回帰しようとする古代ローマの人々の精神を指す。したがって彼らは「建国の精神」が後継者の絶えざる流れの中で受け継がれてゆくことが、国家と法に権威をもたらすと考えたのだ。

アメリカ連邦議会上院の議員は、ローマ元老院（senatus）と同じセネト（senate）という名で呼ばれる（日本語訳では、ローマの場合は「元老院」、アメリカの場合は「上院」と、別の言葉になっているので気づきにくい）。

アメリカの国会議事堂の建築様式は「新古典主義」として知られるもので、古代ローマの復活を夢見たものだ。その議事堂が建つのは、ワシントンのキャピトル・ヒル。これは、「カピトリーノの丘」の英語形である。この丘は、ローマの七丘で最も高い丘で、ローマの中心地。ローマの最高神であったユピテルやユノーの神殿があった。

アメリカの国章は鷲である（ハクトウワシが翼を広げ、13枚の葉のついたオリーブの枝と13本の矢とを左右の足に握る）。ローマ帝国の国章も鷲だった。

中国の「内なる寛容性」

では中国はどうか？　チュアは、中国は長い歴史において、「寛容政策をとり、それが成功した」と指摘する。

ゴビ砂漠から南シナ海にいたる地域に住む数億人というさまざまな人種集団を、漢民族という概念で統一したのであり、それは、古代ローマがさまざまな人種集団を融合したのと同じだという。広東人、上海人、湖南人は、体格も言語も風習も異なっているから、別の人種だと考えるべきだが、それらを、中華思想、儒教と道教、科挙制度、天子思想などからなる中国文明によって同化したというのだ。

EUは、4・5億人の人口に対しての同化政策をいま進めようとしている。しかし、中国は14億人近い人口の同化を、歴史のずっと早い時点において実現していた。

だが、中国の寛容性は、「内なる寛容性」だとチュアは言う。中国は外国からの移民を認めてこれを中国の国民とすることはしなかった。これがアメリカとの大きな違いだ。中華思想に凝り固まり、周囲の民族を、東夷《とうい》、西戎《せいじゅう》、南蛮、北狄《ほくてき》と蔑んだ。

現在においてもそうだ。本章の4で述べるように、チュアの父親はアメリカの寛容政策の恩恵を受けたのだが、それにもかかわらず、漢民族の優秀性を信じ、他民族を認めようとしなかった。中国が真の寛容政策をとりえない以上、中国が覇権国になることはないだろうと、チュアは断言している。

ただし、中国が経済的に大きくなり、アメリカと対抗するようになるだろうとは予測する。

また、中国の軍事力がアメリカと並ぶか、これを凌駕する可能性もあるという。それは、アメリカの「一極優位」の時代が終わり、米中という2つの大国が対立する世界だ。

これが現実に生じつつあることだ。つまり、歴史の動きの基本構造は、アメリカによって引き継がれた「ローマ的寛容」と、外に向かっての中国の「非寛容」との対立だ。

4　未来の世界で覇権を握る国の条件は何か？

貧しい中国系移民の大成功物語

エイミー・チュアは、他民族を受け入れる「寛容性」こそが、覇権国にとっての最も重要な条件だと述べている。これは、彼女自身の経験にも基づくものだ。

この本の「あとがき」で、彼女は、自分自身の一家の歴史を書いている。これは大変感動的な物語だ。

彼女の祖父母は中国の広州人。そして、父母は生まれは中国で、フィリピン育ちという典型的な華僑の家系だ。チュア家は、アルミ製缶業をやっていた。

ところが、エイミーの父親であるレオンは、数学で抜群の才能を示し、家業を継がず、MIT（マサチューセッツ工科大学）の奨学金を得て、一人の知己もいないアメリカに渡った。

渡米後2年で博士号を取得。31歳で大学教授となって、終身在職権を得た。そして、カリフォルニア大学バークレー校という超一流校の教授となり、カオス理論で世界的に名を知られる数学者となった。子供たちには学校の成績で完璧を求め、成功させた。

チュアは、自分の父親を「典型的なアメリカ人」だと言っている。そして、『最強国の条件』は、アメリカの寛容性に対する賛辞として書かれたと言っている。

アメリカは寛容によって成長した

アメリカはレオン・チュアのような人材によって発展してきた。例を挙げればきりがない。有能な人々が集積することの意味は大きい。シリコンバレーが発展したのは、そのような効果によると言われる。新しいビジネスを生み出す過程においては、人々の間の非公式なコミュニケーションがとくに大きな役割を果たす。ここにこそ、アメリカの強さの根源がある。

しかも、それはアメリカ人だけによって実現されたものではない。シリコンバレーの場合も、そうだ。

IT関係企業の経営者を見ると、ペイパル共同創業者でテスラとスペースXのCEOイーロン・マスクは、南アフリカ出身だ。グーグルの共同創業者セルゲイ・ブリンもモスクワからの移民の子だ。アメリカで新しい分野を開拓するスタートアップ企業の大半は、移民かその子が立ち上げた。

シリコンバレーで最も重要なのは、機械設備や資本ではなく人間の頭脳なのだが、その頭脳は、必ずしもアメリカ人のそれではない。外国人の頭脳が大きな役割を果たしてきたのだ。

こうしたことは広く知られている。ところが、日本には、「アメリカは移民を受け入れる寛容政策をとっていると言うが、それは白人に限ってのことだろう」と言う人がいる。

そんなことはない。反例はいくらでもある。現にチュアの父親がそうだ。サンマイクロシステムズの共同創業者ヴィノッド・コースラはインドからの移民だし、ヤフー共同創業者ジェリー・ヤンは台湾からの移民だ。

最近では、グーグルやマイクロソフトに、インド系のＣＥＯが誕生している。グーグルのＣＥＯサンダー・ピチャイは、インド生まれでインド工科大学の出身者だ。マイクロソフトのＣＥＯサティア・ナデラは、インド生まれで、マンガロール大学の出身者。４月にＩＢＭのＣＥＯに就任したアービンド・クリシュナもインド生まれだ。

異質な体制の国家は変わりうるか？

中国は、この点でアメリカの対極にある。中国が覇権国家になりえないとチュアが言うのは、このためだ。

チュアによれば、能力の高い中国人はアメリカに留学する。そして中国に戻らず、アメリカで働き続けることを望む。中国は、最も重要な成長の根源を、自ら捨てているのだ。

中国を自由世界に対する脅威だと考える背景には、共産党一党独裁という中国の政治システムがある。これは、欧米や日本などの民主主義諸国の体制とは極めて異質なものだ。

そうした体制は、人々の自由な活動を抑圧し、長期的な経済成長にネガティブに働くだろうと、われわれは考えてきた。個人の権利に制約が加えられる社会は、優秀な人材を集められないだろうと考えてきたのである。

チュアの本が書かれたのは2007年だ。その当時と現在では、状況が変わっている。とくに重要と思われるのは、つぎの2つだ。

第1に、アメリカに留学した後、中国に帰国する人が増えている。帰国留学生たちは、「海外に出て成長して戻ってくる」ことから、「海亀族《うみがめぞく》」と呼ばれる。中国が経済成長した結果、中国人留学生が中国に戻って、条件のよい就職先を見つけられるようになったのだろう。そうなれば、彼らが中国国内で能力を発揮できる機会は増える。それだけでなく、中国政府は優秀な人材を呼び戻そうと、留学生にとって魅力的な優遇策を講じているとも言われる。

チュアは、著書の中で、そうした変化が生じていることは認めつつ、つぎのように述べている。

「中国では各界の腐敗があまりに激しいために、人脈が成功をおさめるうえで決定的に重要であることに変わりはないままなのである。このシステムが変わらないかぎり、中国のベスト・アンド・ブライテストは、中国に留まりたいとも、あるいは留学先から帰りたいとも思わないだろう。彼らは、より直接的に成功へとつながるような社会へと移るはずである」

これは、説得的な議論だと思われる。ただし、事態が今後どう変化するか。まだわからない面が多い。

もう1つの変化は、技術面にある。それは、AIとビッグデータの重要性が増したことだ。本書でこれまで繰り返し述べてきたように、「AI時代には、体制の異なる中国という国家が、技術開発には有利なのではないか」という懸念が強まっているのだ。

個人情報も含まれるビッグデータの収集に対して、自由主義諸国では制約が強まっている。ところが、中国では、何の制約もなしにビッグデータが集まり、それを用いてAIの能力を高められる。国と企業の関係が共同的で、軍民融合体制によっても先端技術が開発される。

われわれは、自由な体制こそが個人の創造力を発揮させ、それによって経済成長が起きると信じていた。その信頼を基本から揺るがす事態が生じているのかもしれない。そうであれば、これは本質的なチャレンジだ。しかも、以下に述べるように、アメリカが従来の寛容国家から変貌してしまう可能性もあるのだ。

ローマは非寛容になって衰退、アメリカや日本は？

古代ローマ帝国は寛容政策を積極的に進めることで繁栄した。しかし、いつまでもそうであったわけではない。４世紀末頃から、排他的感情がローマ帝国に急速に広がった。これによってローマは急速に変質し、そして崩壊したのである。

「同じことが、アメリカにも起きはしまいか？」という懸念が広がりつつある。それは、トランプ大統領が人種的非寛容政策を進めつつあるからだ。とりわけ、イスラム圏の人々を排除しようとする動きが顕著だ。

これまでアメリカのハイテク産業における外国人の就労は、制度的には「Ｈ－１Ｂビザ」によって支えられるところが大きかった。これは、特殊技能職に認められる就労ビザだ。ところが、その発給が厳しくなってきているといわれる。Ｈ－１Ｂビザ発給の厳格化は、アメリカでの起業を目指すイスラム圏からの移民起業家を、大きく減らすのではないかと懸念されている。排他政策が力を増すと、有能な人がアメリカに集まらなくなる危険がある。

才能を持った多くの人々がアメリカに集積したことの効果は、極めて大きかった。そのような集積効果が阻害されてしまえば、アメリカの基礎技術開発力の最も重要な部分が損害を受けることになる。

アメリカの新しい文化は、多様性の尊重の中から生まれてきた。そのような文化を否定することは、アメリカの社会の基本を否定することになる。これはアメリカにとって非常に深刻な事態だ。チュアは、アメリカの寛容性を賞賛した後で、「今日のアメリカは、その寛容性を失いかけている」と言っている。

以上で述べたことは、日本にとっても他人事ではない。日本の経済成長率が低迷しているため、世界経済における日本の地位は低下している。しかし、所得面で競争できないとしても、住みやすく、働きやすい社会を作ることは可能だ。

それによって世界中から多くの有能な人々を招けるなら、日本の成長力もいずれは回復するだろう。夢のような話だと思われるだろうが、決して不可能なことではないはずだ。

ところが、日本は所得の面で魅力を失いつつあるにもかかわらず、移民を認めようとしない。これでは、回復の可能性は見出しえない。

中国のミサイルに対抗することも必要だろう。しかし、それよりももっと重要なのは、有能な人々を全世界から惹きつけられる国を作ることだ。

終章 コロナウイルスに見る中国国家体制の強さと弱さ

1 医師の警告を活かせなかった中国国家体制の重大な欠陥

無視された医師の警告

新型コロナウイルスに関するニュースの中で、中国の1人の医師の死亡記事が世界の注目を集めた。

この医師は、武漢市中心医院の李文亮医師。2019年12月30日、「7人がSARS（重症急性呼吸器症候群）にかかり、私たちの病院に隔離されている」とSNSに投稿した。

警察は、これを社会秩序を乱すデマだとして問題視し、2020年1月3日に李医師を呼び出して訓戒処分とした。このとき、8人の医師が処分された。

李医師は、処分されるおそれがあると知りつつ、警告を発したようだ。そして、病院で治療にあたり、感染して死亡したのだ。

疫病に関して、現場の医師の情報は重要だ。このとき、それを重視して即座に対応すれば、拡大を防止できたかもしれない。

しかし、その当時、中国当局は、情報を抑え込むことに終始していた。その結果、感染が拡大してしまったのだ。ここに、中国という国の重大な欠陥が現れている。

現場の情報を社会全体の行動にどう結び付けるか?

かつて、経済学者フリードリヒ・フォン・ハイエクは、現場の人(man on the spot)が持っている情報を、社会全体の情報として共有するための仕組みについて論じた。

状況を最もよく知っているのは、現場にいる人だ。その情報が、価格という簡単な情報に集約されて、他の人々に伝えられる。そして、社会全体としての需要と供給が調整される。ハイエクは、このようなメカニズム(価格メカニズム、あるいは市場メカニズム)によってこそ経済が運営できるのであり、中央計画当局が指令を発する計画経済体制では経済は運営できないとした。

彼が考えたのは需要・供給の調整だが、同じことは、疫病への対処にも当てはまる。「現場の医師の重要な情報を社会全体としての行動にどう結び付けられるか?」という問題だ。中国における情報処理メカニズムは計画経済のそれと似たものであり、計画経済が失敗したのと同じく、現場の情報を社会的行動につなげることに失敗したのだ。

これは、疫病の問題に限らない。同じことがあらゆる問題について言える。現場から発せられる多数の情報の中にはデマもあるだろうから、それをどう評価するかも重要だ。また、政治的な事柄については価値観の違いによって評価が違うから、必ずしもある考えだけが正しいというわけではない。それをどう調整するかも重要な課題だ。中国では、悪い情報は隠蔽される。貿易戦争が中国経済に与えている影響も、正確にはわからない。

前述の李医師は、2020年1月30日にメディアの取材に対して、「健全な社会であるならば、声は一つだけになるべきではない。公権力が過剰に干渉することには同意できない」と語った。この発言は大変重い。

さまざまな声があってこそ、そしてそれを調整するメカニズムが機能してこそ、健全な社会が実現できるのだ。中国にはそうしたものが欠如している。これこそが、信用スコアリングや顔認証等について問題としたことだ。

情報隠蔽に走った中国当局

新型コロナウイルスが検出された2020年1月9日以降も、武漢市は「3日以降、新たな症例は見つかっていない」との説明を繰り返した。武漢市の対策が後手に回った結果、ウイルスは1月中旬から始まった春節（旧正月）の帰省ラッシュに乗って拡散してしまった。さらに、大量の旅行客を、日本をはじめとする世界に送り出した。

武漢では、1月18日に「万家宴」と呼ばれる春節の到来を祝う中国南部の伝統行事が行われた。各家庭が手料理を持ち寄って歓談するもので、２０２０年の催しには4万世帯以上が参加した。これによって感染が拡大した疑いもある。

地方政府が自主的な対策をとれないのは、中央の権力が強すぎるからだ。武漢市の周先旺市長は、1月27日、中国国営中央テレビのインタビューで「感染状況の情報公開が遅れた」と認めた。一方で、「地方政府は情報を得ても、権限が与えられなければ発表することはできない」とした。中央政府の許可がない限り、地方政府では対応もとれないし、情報公開もできないというのは、中国の統治機構の深刻な欠陥だ。

1月20日に、習近平の重要指示が出された。それを境に中国国内はパニックに突入。発表される感染者の人数は、19日までの62人から20日には１９８人に急増し、それ以降、加速度的に増えた。

1月23日、武漢は公共交通機関を閉鎖し、武漢を事実上閉鎖都市とした。１０００万を超す人口の都市を封鎖するのは、人類史上例のないことで、中国政府が極めて強い権限を持っているから可能になったことだ。これによってウイルスの他地域への拡散を防止できれば、それは、中国政府の持つ強い力のプラスの側面だと考えることができる。

しかし、早く対処していれば事態は変わっただろう。欧米諸国や日本であれば、もっと早い段階で、より緩やかな措置が取られたことだろう。

「問題がない」としていた直後に1000万都市を封鎖するというのでは、落差が大きすぎる。事前に察知した市民の中には、封鎖令が発布される直前に脱出した者が多かった。周先旺市長は、26日夜に、「封鎖前に、500万人余りが市を離れていた」と明かした。

言論統制強化か、言論自由化か？

本稿執筆時点では、この問題がどう収束していくのか、見通しがつかない。

締め付けが強化される可能性もある。これまで中国では、SNS上の問題発信を徹底的に削除し、厳しく統制してきた。これから、情報統制はさらに強化されるかもしれない。天安門事件でなされたのと同じ強硬策が繰り返される可能性もある。

中国の強硬的な姿勢を感じさせたのが、WHO（世界保健機関）への圧力だ。WHOは緊急事態宣言を遅らせただけでなく、2020年1月30日にようやく出された宣言では、中国政府の対処を賞賛するという異例のものとなった。そして入国制限などに対して否定的な見解を示した。

これが中国政府の強い圧力の結果であることは明らかだ。中国政府は、国内の反政府勢力だけでなく、国際機関をも屈服させる力を持っていることを示すものだった。

しかし、情勢がここまで悪化してしまった後では、言論を自由化しない限り事態は治まらないとも言える。

事実、「言論の自由」を求める国内世論が高まっている。前述の李医師の警告を勇気ある行動だとする評価が、広がっている。世論は、政府の情報隠蔽体質に対する批判を始めている。天安門事件当時と比べて、ＳＮＳの力は格段と強くなった。投稿は削除しきれないほど多いとも言われる。

人々のグローバルなつながりを拡大できないか？

この事件を契機として、中国の情報政策が大転換することを期待できないだろうか？　これは、夢のような話と言われるかもしれない。しかし、必ずしもそうとは言いきれまい。

先に述べた李医師の警告は、責任感の強い知的な人々が中国に存在することを示している。こうした人たちの発言が、さらに広がっていかないだろうか？

２０１７年に、中国テンセントと米マイクロソフトが共同で開発した会話ボット「Ｂａｂｙ

Q」が、「中国の夢とは何か？」という質問に対して、「アメリカに移住すること」と答えたことが話題になった。これは、会話ボットの教育に用いられた中国のSNSで、そうした考えが多数流されていたからだろう。つまり、そうしたメッセージは「誰もがそう考えていること」なのだ。

中国のサイトを見ると、「外国で働きたい」という書き込みがたくさんある。中国の若者たちは、グローバル志向を強めている。

中国で、こうした考えは、マグマのようになって、地表に近づきつつあるのではないだろうか？

この動きをさらに活性化するために、われわれは積極的に関与できるかもしれない。つまり、中国国内のそうした人々との交流を深めるのだ。

もちろん、国と国の間には外交関係があるし、企業の取引関係もある。また、さまざまな分野に、交流を促進するための団体が多数ある。こうしたルートを通じての交流は、もちろん必要だ。しかし、これらは、特定の目的を持って設立されたものであり、しかも、組織を通じるものだ。

私が考えているのは、もっと非公式な交流だ。組織の一員として接するのではなく、直接の利害関係を持たない個人と個人とのつながりを作るのだ。あまり強くはないが、情報の交換ができる関係だ。

そうした草の根レベルの交流こそが、もしかしたら、これからの世界史の流れを変えていくのかもしれない。

2　カミュの『ペスト』が提起した問題こそ、最重要

カミュの『ペスト』がいまの日本と重なる

中国から広がった新型コロナウイルスの感染が、日本を含む世界各国に拡大し、予断を許さない状況になっている。

この状況の中で、多くの人が、アルベール・カミュの『ペスト』を思い出したようだ。

この小説は、日本で突然ベストセラーになって、品切れになってしまった。

ここに描かれた状況が、コロナウイルスの感染が広がるいまの世界と重なってしまうからだろう。

あらすじを紹介すると、つぎのとおりだ。

小説の舞台は、アルジェリアのオラン。そこで突然ペストが発生した。

医師リウーは、感染の初期の段階でこれがペストであると考え、県庁に保健委員会を招集し

てもらう。しかし、知事は、真剣に対応しようとしない。輿論を不安にさせないことを最優先に考えているのだ。

そうしているうちに死者が急増し、市は突然閉鎖されて、外界から遮断される。

あらゆる試みは挫折し、ペストは拡大の一途をたどる。つぎつぎと人命が奪われていく。後手後手に回る行政の状況は、コロナウイルスでの各国とそっくりだ。

しかし、この小説の目的は、行政の対応の鈍さを批判することではない。

自分の職務を果たすこと

この小説を読んで感動するのは、極限状況の中で、強制されるのではなく、自らの自由な意思で、敢然と疫病に立ち向かっていく人々が現れるからだ。

タルーは、「数週間前からオランに居を定め、大ホテルに住んでいる」人物。志願の保健隊の結成を医師リウーに提案する。

役人グラン、神父パヌルー、脱出を断念した新聞記者ランベールも協力する。ランベールはパリに暮らす若い新聞記者だが、取材に来ていたときにペストの流行に遭って、街に閉じ込められてしまったのだ。

彼らは、あらゆる努力を傾けて、ペストとの絶望的な闘いを続ける。

彼らを支えたのは、人と人とをつなぐ連帯の感情であり、自分の職務を果たすことへの義務感だ。

タルーは、リウーに「なぜ、あなた自身はそんなに献身的にやるんですか？　神を、信じていないと云われるのに？」と問う。リウーはそれに対して「僕は自分としてできるだけ彼らを護ってやる、ただそれだけです」と答える。

リウーはまた、ランベールに対して、「ペストと闘う唯一の方法は誠実さということです」「つまり自分の責務を果たすことだと心得ています」と言う。

グランは、「なんらヒーロー的なものをもたぬ男」だが、保健隊の幹事役を務める。

血清が作られて、予審判事オトンの幼子に試される。しかし、それは幼子の病状を改善することはなく、苦悶の中での死をもたらした。

罪なき子の死に直面した神父パヌルーは動揺。

医師リウーは、「子どもたちが責め苛まれるように作られたこんな世界を愛することなどは、死ぬまで肯んじない」と言う。これは、ドストエフスキイ『カラマーゾフの兄弟』でイヴァンが発したのと、寸分変わらぬ宣言だ。

リウーは、心の平和に到達するためにとるべき道について、何かはっきりした考えがあるか、とタルーに尋ねる。「あるね。共感ということだ」とタルーは答える。

タルーは言う。「人は神によらずして聖者になりうるか——これが、今日僕の知っている唯一の具体的な問題だ」。

「ペスト菌」は、ナチズムの暗喩

猖獗《しょうけつ》を極めたペストは、突然潮が退いたように終息した。そうなってからのちに、タルーがペストに倒れる。そして、町の外にいて病気療養中だったリウーの妻が死去したとの知らせが届く。

この小説の最後は、ペスト終息の祝賀祭が開かれる晩の風景だ。遠くに花火が打ち上げられるのが見え、人々の楽しいざわめきが伝わってくる。

この場面は大変感動的だ。少し長くなるが、宮崎嶺雄訳（『カミュ著作集2』、新潮社、1958年）を引用しよう。

　しかし、彼はそれにしてもこの記録が決定的な勝利の記録ではありえないことを知っていた。それはただ、恐怖とその飽くなき武器に対して、やり遂げねばならなかったこと、そして恐らく、すべての人々—聖者たりえず、天災を受け入れることを拒みながら、しかも医者となろうと努めるすべての人々が、彼等の個人的な分裂にも拘わらず、更にまたやり遂げねばならなくなるであろうこと、についての証言でありえたに過ぎないのである。

事実、市中から立ち上る喜悦の叫びに耳を傾けながら、リウーはこの喜悦がつねに脅やかされていることを思い出していた。なぜなら、彼はこの歓喜する群衆の知らないでいることを知っており、そして書物のなかに読まれうることを知っていたからである―ペスト菌は決して死ぬことも消滅することもないものであり、数十年の間、家具や下着類のなかに眠りつつ生存することができ、部屋や穴倉やトランクやハンカチや反古のなかに、辛抱強く待ち続けていて、そしておそらくはいつか、人間に不幸と教訓をもたらすために、ペストがふたたびその鼠どもを呼びさまし、どこかの幸福な都市に彼らを死なせに差向ける日が来るであろうということを。

『ペスト』は、第二次世界大戦時にドイツ軍に占領されたフランスの隠喩だといわれる。「ペスト菌が決して死ぬことも消滅することもない」というのは、ナチスが崩壊しても、それと同じようなものが再び現れることへの警告なのだ。

コロナウイルスはいつかは終息するが……

コロナウイルスの感染がいつ終息するのか、現時点では見通しがつかない。しかし、疫病は、いつかは止まる。人類は、何度もパンデミックに見舞われたが、それらは、必ず終息した。スペイン風邪ですらそうだ。多数の人が犠牲になったのは事実だが、人間の社会がウイルスによって崩壊してしまうことはない。

経済に対する影響はしばらくの間は残るし、人によっては、極めて大きな損害を受けるだろう。だが、経済の動揺もいつかは収まるだろう。第1章で述べたように、中国経済に対する影響は甚大だろうが、中国の長期的成長がこれによって影響されることはない。

しかし、カミュがペスト菌によって喩えた全体主義体制は死なない。

コロナウイルスは、「国家体制と疫病」という重大な問題をわれわれに突きつけたのだ。

管理国家だから封じ込められるのか?

本章の1「医師の警告を活かせなかった中国国家体制の重大な欠陥」で、医師の警告を活かせなかったのは、中国の国家体制の重大な問題点だと述べた。

そして、「この問題を契機として、中国でも言論の自由化が進まないか」と言った。

しかし、残念なことに、現在までのところ、その兆候はない。それどころか、まったく逆の方向に進んでいると考えざるをえない。

SNSに見られる世論には、微妙な変化が見られると言われる。当初は当局の対策の不手際を指摘する声もあったが、その後は、政府の対応ぶりを賞賛する声が多くなっているという。

また、韓国、イタリアなど、外国での感染拡大を伝える記事が目立つという。「世界的な感染拡大は、諸外国の失敗だ。中国は感染封じ込め策に成功したが、外国は拡大防止に失敗した」と強調しているわけだ。

また、「人口が1000万人の大都市を封鎖したり、わずか10日間で病院を造ってしまうようなことは、中国だからこそできる」といった声も増えているという。

プライバシーがなくとも、安全な管理社会の方がよいのか?

いま述べたことは、中国政府のプロパガンダだと解釈することが可能だ。しかし、この問題は、それだけでは片付けられない、極めて複雑な要素を持っている。

それを示したのが、感染の可能性がスマートフォンでわかるアプリだ。

これは「密接接触者測量儀」と呼ばれ、中国国家衛生健康委員会が2020年2月10日に発表したものだ。

アリペイかウィーチャット、あるいはテンセントQQを用いて、QRコードを読み取る。すると、政府のサーバーに接続されるので、電話番号、氏名、身分証明書番号を打ち込む。

ユーザーが、コロナウイルス感染患者と接触した可能性があると、警告文が表示される。知人など2名までのＩＤを入力して調べることもできる。

公開されてから3時間にならないうちに、５００万件のアクセスがあったそうだ。

患者の居所とアプリユーザーの居所を割り出すには、国家衛生健康委員会の医療データや、鉄道、航空機の乗客に関するデータなどが用いられる。つまり、ビッグデータが利用されているのである。これこそ、中国が築きつつある世界最先端の情報システムだ。

個人の行動がこれほど詳細にわかってしまうのは、恐ろしいことだ。

しかし、「では、感染状況がわからないのと、どちらがよいのか?」と問われれば、答えに窮してしまう。これは、非常に難しい問題だ。

この問題は、信用スコアリングや顔認証などについて述べた問題（第10章）とまったく同じものである。

これまでは信用がないからできなかった取引が、信用スコアリングによってできるようになった。これは、明らかに望ましいことだ。社会信用システムでは、善行を積む人のスコアが高くなるから、社会をよくするのだと言われる（第12章）。

顔認証によって個人が特定されても、捕まえられるのは悪い人なのだから、社会の治安を高めるのだと言われる。

それはそのとおりだろう。

しかし、それは、国家による管理と裏腹なのだ。「密接接触者測量儀」も、まったく同じだ。

この問題は、決して簡単に答えが出るものではない。

しかし、自由と安全のどちらをとるのかという極めて困難な問題から、われわれは顔をそむけることはできない。

日本人は、中国型の「ハードな対応」を望んでいない

コロナウイルスの問題について、私はｎｏｔｅというウェブサイトで、3月始めから数回のアンケート調査を実施した。ここに、その一部を紹介したい。

「コロナウイルスに対して政府がなすべき施策に関するアンケート調査」（3月4日）については、83件の回答が寄せられた。

圧倒的多数の回答が、「医療支援：検査・治療体制の充実」（全回答中の71・1％）と「状況の正確な把握と情報提供」を求めていた（同67・5％。複数回答可としたため、比率の合計が100％を超える）。

これに続いて、「所得喪失者の援助」（39・8％）、「金融支援（資金繰り対策）」（38・6％）があった。

これに対して、景気対策・金融緩和を求める意見は、15・7％しかなかった。もし現政権が

株価対策に走るなら、多くの国民の離反を招くだろう。

コロナ対策での究極的な選択は、「疫病の拡大を防ぐために、私権の制限がどれだけ認められるか」だ。

日本では、「新型インフルエンザ等対策特別措置法」の改正案が成立し、それに基づいて「緊急事態」の宣言が出された。

これに先立つ3月6日に、この問題に関するアンケートを実施し、120件の回答を得た。改正案については、「賛成」が33・9％、「反対」が66・1％だった。また、「緊急事態宣言」に対しては、「賛成」が27・7％、「反対」が72・3％だった。

このように、約3分の2が、改正にも宣言にも反対の立場だ。

この問題に関する自由回答では、非常に多数の意見が寄せられた。その中では、強い反対意見の表明が大部分を占めた。

現政権を信頼できないとする意見を、強い言葉で表明する意見が数多くあった。

また、中国型対応との差を意識して指摘する、つぎのような意見もあった。

すなわち、「(1)個人の権利や自由を侵害してもなすべき対応策があるとするのか、それとも、(2)日常生活を続け、社会・経済・文化活動を阻害したり心理的ストレスを増やさないように努めるか、の選択がある」とし、「(1)のような中国型の『ハード』な対応ではなく、

（2）を選び、重症化した患者のためのセーフティーネット作りと情報の透明性を保つことに力を注ぎ、市民権を重んじる『ソフト』な対応策をとるべきだ」との意見だ。

これに対して、「安全のためには私権制限やむなし」と認める意見は、あったものの、少数派だ。

3　コロナウイルスが提起した本質的問題

国のあり方の基本が問われている

コロナウイルスはいつかは終息するが、そのまま忘れ去られてしまうものではありえない。これによって、平時には取り立てて議論されることはなく放置されてきたものごとの本質に対して、あからさまな問題が投げかけられたのだ。基本問題を覆い隠し続けることができなくなった。

第1は、言うまでもなく中国の国家体制だ。

2020年3月になってから、ヨーロッパやアメリカで感染の爆発的拡大が生じた。

他方で、中国での感染状況は次第に収まり、2020年4月初めに武漢市の封鎖が解除された。封鎖が行われていたその他の地域でも、解除が進められた。生産活動も徐々に再開された。

中国は、さらにヨーロッパにも援助の手を差し伸べようとしている。

疫病をコントロールできるのは、強権・管理国家だった。これは、われわれの基本的な価値観を覆すものだ。

コロナウイルスは、これまで意識することの少なかった国家の基本体制という問題に、われわれの目を、否応なしに向けさせた。

悪夢のような欧米の状況

ヨーロッパ、とくにイタリアやスペインがどうしてこのような状況になってしまったのか？

イタリアでは医療体制が崩壊した。

スペインでは、死体の火葬が追いつかなくなり、アイススケート場を臨時の遺体安置所にしているそうだ。

カミュの小説『ペスト』に、死者の埋葬を機械的に片付けていく場面がある。まさにこれと同じような状況になってしまっている。

スティーヴン・キングの小説に『ザ・スタンド』という作品がある。

これは、軍の研究所から致死率の高いインフルエンザウイルスが流出してしまい、世界中のほとんどの人が死亡してしまうというホラー小説だ。

こんなことは現実にはありえないと、いままで思っていた。しかし、イタリアやスペインの状況を見ていると、それが現実に起っているという恐怖に襲われる。

悪夢を見ているような気持ちだ。

医療制度の基本が問われている

いままでうやむやに放置していたさまざまな問題が、浮かび上がっている。

一つは、医療制度の問題であり、医療保険の問題だ。

アメリカは、公的な医療保険が極めて貧弱で、民間の医療保険が中心だ。保険料が高いので、医療保険でカバーされていない人が低所得者には多い。

オバマ前大統領はこれを改善するため、「オバマケア」という保険制度を導入した。しかし、トランプ大統領は、就任当初から撤廃を訴えてきた。完全な撤廃には至っていないが、制度の一部を見直し、加入の義務を事実上廃止したとしている。

検査を受けると多額の費用を請求されるので、検査が受けられないという事情もあると言われる。

この問題は、アメリカ大統領選挙において重要なイシューとして議論せざるをえないだろう。

イタリアの場合には、財政赤字と累積債務を減らすため、医療費の削減がなされた。そして、民営化政策がイタリアの公的医療制度を弱めてしまったと指摘されている。

ドイツとイタリアでは、死亡率に顕著な違いがある。医療体制の差がこうした現象を生んでいるのだろうが、詳しい検証が必要だ。

EUは何もできなかった

こうした中で、EUはイタリアやスペインを助けられなかった。

EUがやったことといえば、さまざまな規制で各国政府が迅速な対応をとるのを遅らせたくらいだ。これまでEUは強い財政ルールで参加国の経済政策に制約を加えてきた。

2020年3月中旬に、やっと財政規制を緩和した。各国政府は、これで財政措置などをとれるようになった。

コロナウイルス問題が過ぎ去ったあと、EUがこれまでの形で存続しうるとは思えない。WHOも、いまの体制のままでは存続できないだろう。1月30日に緊急事態宣言を出したものの、国際移動を制約する必要はないとした。あの時点で中国からの旅行客を制限できていたとすれば、事態はまったく違うものになっていたはずだ。

日本は事態の深刻さにまだ気づいていない？

本稿執筆時点において、日本は何とか爆発的な拡大を防いでいる。しかし、これを今後も継続できるのかどうか、まだ保証がない。

検査が十分でなく、症状のない感染者が多いのではないかという指摘もある。そして本当にオーバーシュートが起きてしまうと、病床数が不足するとされている。そうした状況に陥らないことを、心から願うしかない。

それにもかかわらず、格闘技イベント「K－1」が2020年3月22日、さいたま市で開かれた。タイでは、格闘技「ムエタイ」の競技場で、コロナの集団感染が発生した。感染者は128人と、タイ全体の約2割に上ったと報道されている。同じことが、日本でも起こらないとは言えない。

日本の感染増加の状況が欧米に比べれば緩やかであることから、油断が広がっているのではないだろうか？　2020年3月20日から22日にかけての3連休には、花見客が公園に押し寄せた。

コロナウイルスの恐ろしいところは、感染しても発症しない人が多いため、平気で出歩いて感染を広げることだ。

日本の株価対策は宇宙人向けのものか？

こうした状態にあるのに、一時落ち込んだ株価は、再び反発したりしている。アメリカのコロナ感染者数が世界一になった日に、ダウ平均は続伸した。日本でも、感染第二波が到来するというのに、日経平均が上昇。株式投資をする人は不死身の宇宙人なのかと思ってしまう。

日本で株価が上昇するのは、日銀がＥＴＦ購入を行って、買い支えているからだ。

しかし、人々は、緊急事態に対応するために、資産の構成を変化させようとしているのだ。そして、その行動には必然性がある。だから、こうした行動を止めようと努力しても、まったく無意味なことだ。

日銀がいま全力をあげるべきは、流動性の供給だ。

自由を守りつつ、しかも疫病を制御する。それが日本で実証されることを願って止まない。そして、われわれの社会は、疫病をコントロールする技術も持っているし、その技術を他の目的のために濫用しないよう、権力にチェックをかけられる社会でもある。このことも一日も早く実証されるよう、心から願う。

事項索引

ア 行

アジア風邪……7
アップル……5, 54, 141
安倍晋三内閣……86
アベノミクス……87
アヘン戦争……ii, 95, 114
アメリカIT企業……84
アメリカ革命……229
アメリカ産業復活策……37
アメリカ商務省……47
アメリカ第一主義……37
アメリカ大統領選……46, 186
アメリカの危機感……79
アメリカ連邦議会……230
厦門(アモイ)……117
蟻族……85, 138
アリババ……vi, 82, 146, 167
アリペイ……65, 83, 161, 166
アンケート調査……254
暗号法……63
安全な管理会社……252
アント・フィナンシャル……83
アンドロイド……54
異次元金融緩和政策……86
異質の国家……129
医師の警告……239
医師の死亡記事……239
イタリア……105
一極優位……232
一帯一路……56-57, 70, 84, 221
一体化統合作戦プラットフォーム
……214
一般データ保護規則(GDPR)
……175
移民……231, 233
医療体制……18
イングランド……110
インシュアテック……195
インターネット……62, 151, 184
インターネット規制……198
インターネット鎖国政策……152
インテル……50
インフルエンザ……7
隠蔽……241
ウイグル族……214
ウィーチャット……198
ウィーチャットペイ……65, 83, 166
ウィーワーク……205
ウェイボー……199
ウェイボー現象……200
ヴェネツィア……106
内なる寛容性……230
海亀族……235
海の中国……134
エアビーアンドビー……205
衛星……56
衛星測位……56

永続企業……107
疫病……240
疫病への対処……240
エスクロー……158
エリクソン……53
エンティティー・リスト……49
円安……87
欧州中央銀行……65, 74
欧州連合(EU)……74, 175, 231
大型コンピュータ……186
オランダ……110
オンライン銀行……169
オンラインクレジット……194

カ 行

海外送金……72
改革開放……v
改革開放政策……105, 113
戒厳令……124
外国人労働者……73, 91
外資……31
開発資金……85
開発途上国……116
会話ボット……244
顔認証……viii, 84, 174, 253
顔認証決済……178
価格……240
価格安定化……69
価格メカニズム……240
華僑……134
『革命について』……229
陰の工場……139
仮想通貨(暗号資産)……59, 67, 213
価値観の違い……241
カトリック教会……110
カピトリーノの丘……230
株価……39
株価対策……255
株式会社……104, 118, 151
株式会社化……132
株安……6
『カラマーゾフの兄弟』……248
ガリア……227
為替操作国……44
為替レート……72
観光……11
観光公害……93
監視カメラ……181
監視国家……vii
監視国家化……79
関税戦争……20
関税率……81
関税率引き上げ……34
感染……240
感染状況……253
感染封じ込め……252
漢民族……231
寛容……ii, vii, 225
管理社会……vii, 174, 176, 185
官僚国家……iii, 108
企業……104
企業家精神……151
危険な航海……106
規制……60

規制緩和……88
規制強化……175
偽造品……215
基礎的科学技術力……85
基地局ベンダー……53
既得権益……61
キャッシュレス決済……170
キャピトル・ヒル……230
休校要請……12
給与所得者……15
供給面……10
強権国家……viii
共産主義……170
共産主義国家……vi
共産党……114
共産党一党独裁……126, 235
共通通貨……71
極超音速滑空ミサイル……vii, 220
巨大工場……141
巨大プラットフォーム……186
巨大プラットフォーム企業……217
ギリシャ・ピレウス港……57
緊急事態宣言……243, 255
銀行システム……68
銀行振込……156
金融緩和政策……88
金融サービス……167
金融市場……41
金融正常化……42
金融包摂……166, 169
クアルコム……50
グーグル……50, 84, 152-153, 217,
224, 233-234
趣店(クディアン)……192
クーポン……180
クラウド・コンピューティング
……218
グリーンランド……57
クレジットカード……156
クレジットスコア……172
クレジットスコアリング……171
金盾(グレートファイヤーウォール)
……198, 213
訓戒処分……239
軍事技術……189
群制御技術……223
軍民融合体制……vii, 220, 236
経営請負制度……117
経営請負責任制……132
計画経済……iii, 218
計画経済体制……240
経済技術開発区……117
経済大国……ii
経済特区……117
決済手段……167
検閲……62, 84
検閲制度……213
建国の精神……230
検索連動広告……217
健全な社会……241
現場の情報……240
現場の人……240
ケンブリッジアナリティカ……186

元安……34, 42
元安容認……44
原油価格……6, 41
言論自由化……243
言論統制強化……243
言論の自由化……251
工業化……113
航空会社……11
公権力……241
鉱工業生産……30
合資会社……106
香辛料貿易……103
構造改革……88
行動制限……12
高率関税……iv
国営企業……vi, 114, 117, 120
国営企業改革……131
国際決済銀行（BIS）……60, 64
国際通貨基金（IMF）……40, 60
国際分業……73
国章……230
国防権限法……47
国民監視システム……213
国民管理……216
五賢帝……228
個人情報……176, 180
個人属性……168
個人データ……166
古代ローマ共和国……ii
国家安全保障……52
国家原理……123
国家公共信用信息中心……215
国家主席……219
国家情報法……181
国家体制……vii
国家体制と疫病……vii, 251
国家統制……173
コルレス銀行……73
コロナウイルス
……iv, vii, 2, 16, 246, 254
コンピュータサイエンス……86
コンメンダ……106

サ　行

『最強国の条件』……225
サイバー攻撃……221
冊封……101
鎖国主義……113
サプライチェーン……10, 32, 51
サムスン……54
三一重工……119
三跪九叩頭の礼……114
産業革命……95, 110
サンタ・マリア号……100
サンマイクロシステムズ……234
自営業……15
ジェノバ……106
資金繰り……15
資金調達……209
私権の制限……255
市場経済……iii, 188
市場経済制度……113
市場経済のインフラ……183
市場経済の優位性……188

市場主義……170
市場の透明化……184
市場メカニズム……240
自宅待機……15
失業者……37
自動運転……54
自動翻訳……199
資本主義……170
資本逃避……44
資本取引……31
資本流出……44
芝麻信用(ジーマクレジット)
……168
社会監視制度……175
社会主義国家……121
社会主義市場経済……130
社会信用システム……173, 214, 253
社会的なルール……187
ジャパンディスプレイ……88
上海総合指数……41
自由……ii
衆安保険……192, 195
集権的……iii
自由主義……236
自由主義経済……186
就労ビザ……237
珠海……117
出入国管理法……91
需要・供給の調整……240
需要面……10
春節……242
上院……230
少額送金……68
商業的利益……103
少数民族対策……185
商人たちの出資……106
情報隠蔽体質……244
情報公開……242
情報戦……201
情報統制……243
情報の透明性……256
情報の非対称性……184
情報の不完全性……184
植民地化……114
植民地経営事業……107
シリコンバレー……147, 233
自律型致死兵器システム……223
白猫・黒猫論……116
新型インフルエンザ等対策特別措置法
……255
新型コロナウイルス……i, 239
新型肺炎……i
新疆ウイグル自治区……214
新銀行東京……171
人権弾圧……79
人口高齢化……91
申告情報……171
人種差別……175
人種的非寛容政策……237
新常態……28, 32
神聖ローマ帝国……110
深圳……117
清朝……114
人民解放軍……53, 127

人民元……72
人民元相場……42
人民公社……114, 117
信用情報……174
信用スコア……172
信用スコアリング……viii, 166, 253
信用度スコアリング……67
信用の欠如……169
信頼できない人……216
信頼に基づく取引……184
真理省……211
新冷戦宣言……221
新冷戦への号砲……80
垂直統合……142
水平分業……18, 142
図形認識能力……178
スコアリング……168
スタートアップ企業……169, 191, 233
スターリン批判……126
ステイブルコイン……69
スーパー301条……81
スペイン風邪……7, 251
スマイル・トゥ・ペイ……84, 178
スマートグラス……181
スマートフォン……53
汕頭(スワトウ)……117
清華大学……86, 208
制裁関税……20
制裁措置……38, 47
制裁手順……81
生産拠点……40
生産拠点移動……40
生産手段の公有……132
生体データ……175
成長資金……134
制度……111
世界銀行……6
世界的分業体制……10
世界の工場……v, 137
世界貿易機関(WTO)……82
セーフティーネット……256
セブンペイ……170
『一九八四年』……175, 211
全銀システム……64, 196
戦場のシンギュラリティ(特異点)
……224
センスタイム……178, 207
全体主義……251
全体主義国家……ix, 216
先富論……117
送金手段……73
送金情報の収集……77
創造的破壊……vi, 131
抓大放小……132
ソキエタス・マリス……106
属州……227
組織の信頼性……68
ソ連……121

タ 行

第1弾制裁関税措置……20
第2弾制裁関税措置……20
第3弾制裁関税措置……20
第4弾制裁関税措置……22, 39

第1段階合意……45
大学ランキング……86
大航海……99-100
対中脅威問題……48
対中輸出減……35
大転換……112
大富豪リスト……163
対面取引……184
大躍進政策……114
ダウ平均……41
タオバオ……149, 154, 168, 184
ターゲティング……186
多様性……237
タワーマンション……93
地中海貿易……107
知乎(チーフー)……199
中央銀行……59
中央計画当局……240
中央集権……108
中央デジタル通貨……64
中央の権力……242
中華思想……iii, 231
中華人民共和国……114
中国……i
中国脅威論……79-80
中国共産党……vi, 79, 121, 175
中国工業化……27
中国鉱工業生産……28
中国交通建設……58
中国国家体制……239
中国人の富裕層……93
中国人民銀行……42, 196, 213
中国人留学生……85, 235
中国人旅行客……71
中国製造2025……52
中国の国家体制……251
中国の情報政策……244
中国の長期的成長……251
中国の統治機構……242
中国の排他政策……v
中国の躍進……82
中国の夢……245
中国ハイテク……84
中国ハイテク企業……38, 47
中国フィンテック……191
中国文明……231
中国マネー……57
中国輸出業者……31
中国落伍……99
超監視社会……180
長期金利……41
長期停滞……98, 113
朝貢……101
朝貢使節……114
朝貢貿易……113
直接投資……31
賃金上昇率……140
賃金の上昇……29
追加関税……22
通貨圏……68
通貨主権……74
通貨体制……59
通商拡大法……81
通商法301条……81

通信インフラ……50
天猫(ティエンマオ)……150
帝国……110
鄭和大航海……100
出稼ぎ労働……91
デジタル課税……186
デジタル共産主義……219
デジタル人民元……v, 62, 213
デジタル通貨……76
デジタル独裁者……211
デジタルユーロ……75
デジタル・レーニン主義……218
手数料……73
データ共産主義……211
鉄鋼業……37
鉄のカーテン演説……iv, 221
デマ……241
テレスクリーン……211
天安門事件……vi, 123, 189, 243
電子マネー……vi, 67, 83, 147, 161, 166
テンセント……83, 167
伝統的産業……38
天網……213
動画革命……201
同化政策……226, 231
投機の時代……42
当座企業……107
独裁制……iii
独裁政治……185
独身の日……158
匿名社会……184
匿名性……66, 167
匿名通貨……66
土法高炉……115
ドミノシナリオ……16
トヨタ自動車……82, 206
ドローン……223

ナ 行

内定辞退率……177
『なぜ大国は衰退するのか』
……98, 228
ナチス……250
ナチス・ドイツ……226
なりすまし……184
南巡講話……130
ニセコ……93
日銀ネット……64
日米貿易摩擦……81
日経平均株価……41
日清戦争……114
日中関係……91
日中間分業……93
日本銀行……41, 65
日本産業の劣化……88
日本の製造業……35
二流のプロ集団……162
ネット専業銀行……169
農家経営請負制……117
農業戸籍……138
農村改革……117
農民工……137
ノキア……54

ハ 行

ハイアール……118, 151
ハイクビジョン……48
排他的感情……237
ハイテク企業……iv
バイドゥ……83, 193
バイトダンス……203, 205
百行征信（バイハンクレジット）
……173-174
薄熙来事件……200
覇権争い……123
覇権国……ii
覇権国家……225
パスワード……66
パックスアメリカーナ……80
パブリックブロックチェーン……77
パラダイムの転換……91
80后（バーリンホウ）……85, 120
万家宴……242
ハンザ同盟……110
反政府勢力……244
反政府的な意見……175
パンデミック……6, 251
東インド会社……107
光ファイバー網……56
非寛容……iii
ビジネスモデル……vi
ビッグデータ
……vi, 167, 188, 213, 236, 253
ビッグ・ブラザー……175, 211
ビットコイン……62
人手不足……73
日の丸液晶プロジェクト……88
日の丸半導体……88
秘密鍵……66, 77
百貨店……11
ヒューマン・ライツ・ウォッチ
……214
開けゴマ……149
貧困工場……85, 139
5G（第5世代移動通信システム）
……50, 53, 56
ファーウェイ（華為技術）
……38, 48, 53, 119, 150
ファーウェイ叩き……v
ファーウェイ排除……47
フィンテック……83, 147, 191
フィンテック100……191
封鎖令……243
フェイスブック……59, 186
フェデラリスト……229
フォックスコン……141
武漢……viii, 4, 239
不公正取引……81
プライバシー……ix, 60, 65, 76, 252
ブラックリスト……174
フラット化……186
フリーランス……14-15
プロジェクト・ステラ……65
プロジェクト・メイブン……224
ブロックチェーン……65, 68, 76
プロファイリング……vi, 168, 213
フロンティア……103

文化大革命……105, 115
分権……109
分権化……80
分権国家……110
分権的……iii
分散型台帳方式……65
平安グッドドクター……195
平安保険……195
閉鎖都市……242
米中間の貿易……23
米中経済戦争……80, 123
米中ハイテク戦争……38, 47
米中貿易……40
米中貿易戦争……i, 20, 36, 38, 49
米通商代表部……81
ペイパル……233
ペイペイ……170
北京オリンピック……143
『ペスト』……246
ベスト・アンド・ブライテスト
……236
ペスト菌……ix
ペナルティ……174
ベルリンの壁……121
ベンチャーキャピタル……209
ポイント還元策……170
貿易戦争……34, 58
冒険航海……104
宝船艦隊……100
訪日中国人……5
報復関税……20, 81
北斗……56
保護主義……iv
ホールセール型……64
香港風邪……7
香港のデモ……129, 167
本人確認……66
鴻海精密工業……141

マ　行

マイクロクレジット……192
マイクロソフト……234
マグナ・ソキエタス……106
マネーロンダリング……66, 197
密接接触者測量儀……252
身分証……213
未来図……95
未来世界へのヘゲモニー……v, 51
明……v
民営化……133
民工荒……140
民工潮……138
民主化運動……125
民主主義……iii, 188
民主主義政治……186
明の時代……98
無人店舗……180
メイドインチャイナ……85
メグビー……178, 206
盲流……138
モザイク……152
模倣……85

ヤ・ラ・ワ行

安かろう悪かろう……85
ヤフー……152, 234
有限責任制……108
融資……169
融資の審査……167
余額宝(ユエバオ)……194
輸出……25
輸出依存度……27
輸出産業育成……116
豊かさの逆転……92
ユダヤ人抹殺政策……227
ユニコーン企業……188
ユニコーン大国……204
輸入依存度……39
輸入代替政策……116
ヨーロッパ型国家……109
ヨーロッパの大航海……103
4兆元対策……144
来日中国人客……83
ラストベルト(錆びた地帯)……iv, 37
リクナビ……176
リスク……151
リスクオフ……41
リスク資金……42
リスクへの挑戦……103
リップル……74
リテイル型……64
リブラ……v, 59
リブラ協会……68
リブラ・ショック……59
リーマン・ショック……5, 9, 28, 143
リーマン・ブラザーズ……143
リムパック……48
利用履歴……167
臨時休校……13
ルイスの転換点……140
ルネサスエレクトロニクス……88
レアアース……52
歴史の正常化……ii
歴史の転換点……98
レコメンデーション……156
レノボ……118
労働力不足経済……91
ローソン……71
ローマ……226
ローマ共和国……109-110
ローマ元老院……230
ローマ市民権……228
ローマ帝国……228
『ローマ帝国衰亡史』……227
ローマ的な共和制……229
ローマの後継者……228
論文数……85
『ワイルド・スワン』……116
ワクチン……8
和平演変……130
ワンマン経営者……151
網聯(ワンリェン)……63, 196

A～Z

AI……vi, 168, 236

AI軍事革命……223
AIドローン……222
AIの機械学習……187
Baby Q……244
BAT……83, 152
BT……51
CBCC……64
CBDC……64
eBay……153
EMS……141
EU……74, 175, 231
FedNow……76
Fedwire……76
FICOスコア……172
FRB（連邦準備制度理事会）……45
G7……2, 61
G20……3, 61
GAFA……186, 217
GMS……54
H-1Bビザ……237
HMS……55
IMF……3
IPO……209
IT革命……186
Jスコア……171
LINEスコア……171
LINEペイ……170
Mobike……208
note……14
OECD……3, 16
ofo……208
OneID……182
P2Pレンディング……194
PMI（購買担当者景気指数）……5, 29
QRコード……84
QRコード決済……72, 170
QRコード統一化……170
SARS（重症急性呼吸器症候群）……4, 239
SNS……167, 243, 251
SNS社会……198
SNSの利用経歴……187
SWIFT……72
TikTok……201
WHO（世界保健機関）……243
ZTE……47

人名索引

アーレント、ハンナ……229
アウグストゥス……110
安倍晋三……12
アロ、クリストファ・デ……106
イヴァン……248
イサベラ女王……106
ヴォーゲル、エズラ……123
英宗帝……102
永楽帝……100
オーウェル、ジョージ……175, 211

●

カエサル……227
カミュ、アルベール……ix, 246
カルロス1世……106
ギボン、エドワード……226
クリシュナ、アービンド……234
ケイン、ティム……98, 228
乾隆帝……114
洪熙帝……102
江沢民……130
コースラ、ヴィノッド……234
胡耀邦……125
ゴルバチョフ……126
コロンブス……100

●

習近平……47, 219, 242
任正非……49, 119, 150
宣徳帝……102
ゾン、ミン……150

●

チアン、ユン……115
チャーチル……221
チャウシェスク……121
チュア、エイミー……225
趙紫陽……125
張一鳴……203
張瑞敏……151
ツヴァイク、シュテファン……106
ツェ、エドワード……133
ディケーター、フランク……115
鄭和……100
鄧小平……v, 116
ドストエフスキイ……248
トランプ、ドナルド……iv

●

ナデラ、サティア……234

●

ハーニー、アレクサンドラ……139
ハイエク、フリードリヒ・フォン……240
パウエル、ジェローム……45, 60
ハバード、グレン……98, 228
ピチャイ、サンダー……234
フクヤマ、フランシス……111
ブリン、セルゲイ……233
フルシチョフ……126
ペンス、マイク……iv, 79, 217

●

マーカス、デビッド……68
マカートニー、ジョージ……113
マキャヴェリ……229
馬雲（マー、ジャック）……147
マスク、イーロン……233
マゼラン……101
マディソン、アンガス……98
宮崎嶺雄……249
毛沢東……115
孟晩舟……48
モキア、ジョエル……112
●
ヤン、ジェリー……234
リヴァシーズ、ルイーズ……101
リウー……246
李文亮……239

図表一覧

図表1-1　パンデミックの経済的影響（GDPへの影響、第1年目）……7
図表1-2　パンデミックの経済的影響（要因別）……9
図表1-3　コロナウィルスが実質GDP伸び率に与える影響（OECDによる推計）……17
図表2-1　米中貿易戦争の経緯……21
図表2-2　制裁関税措置の推移……22
図表2-3　アメリカの対中輸出・輸入（対前年同月比）……23
図表2-4　中国の主要国・地域との貿易額……24
図表2-5　日本の輸出入の対前年同月比……25
図表2-6　日本の対中輸出入の対前年同月比……26
図表2-7　日本の対米輸出入の対前年同月比……26
図表2-8　財・サービスの輸出の対GDP比……28
図表2-9　中国実質GDP対前年同期比……29
図表2-10　中国の鉱工業生産（対前年増加率）……30
図表2-11　ネットの直接投資の対GDP比……32
図表8-1　2019年Fortune Global 500にランクインした中国企業……134

【著者紹介】
野口悠紀雄（のぐち　ゆきお）
1940年東京生まれ。63年東京大学工学部卒業。64年大蔵省入省。72年イェール大学Ph.D.（経済学博士号）を取得。一橋大学教授、東京大学教授（先端経済工学研究センター長）、スタンフォード大学客員教授、早稲田大学大学院ファイナンス研究科教授などを経て、2017年9月より早稲田大学ビジネス・ファイナンス研究センター顧問。一橋大学名誉教授。専攻はファイナンス理論、日本経済論。
主要著書：『情報の経済理論』（東洋経済新報社、1974年、日経・経済図書文化賞）、『財政危機の構造』（同、1980年、サントリー学芸賞）、『土地の経済学』（日本経済新聞出版社、1989年、東京海上各務財団優秀図書賞、日本不動産学会賞）、『バブルの経済学』（同、1992年、吉野作造賞）、『1940年体制（増補版）』（東洋経済新報社、2010年）、『戦後経済史』（同、2015年）、『ブロックチェーン革命』（日本経済新聞出版社、2017年、大川出版賞）、『平成はなぜ失敗したのか』（幻冬舎、2019年）、『だから古典は面白い』（幻冬舎新書、2020年）
野口悠紀雄Online　https://www.noguchi.co.jp
note　https://note.com/yukionoguchi
ツイッター　https://twitter.com/yukionoguchi10

中国が世界を攪乱する
AI・コロナ・デジタル人民元

2020年6月4日発行

著　者――野口悠紀雄
発行者――駒橋憲一
発行所――東洋経済新報社
〒103-8345　東京都中央区日本橋本石町 1-2-1
電話＝東洋経済コールセンター　03(6386)1040
https://toyokeizai.net/
装　丁………橋爪朋世
D T P………森の印刷屋
印　刷………図書印刷
編集協力……パプリカ商店
編集担当……伊東桃子
　ISBN 978-4-492-44457-3